f. peli

Frédéric Constantin

ÈVE & MOI

roman

Février 2025

Édition originale

ISBN 978-2-9823031-0-2

Aux empathiques.

Idéal

Le roucoulement saccadé des équipements de construction me réveille quelques heures seulement après que j'aie sombré dans un sommeil quasi comateux que seul l'alcool peut provoquer.

Je me redresse contre l'accoudoir du divan et me masse les tempes. J'ai le crâne en feu, le regret au cœur. Je devrais faire un homme de moi et aller te rejoindre, mais je n'en suis pas capable. L'odeur est... Le simple fait d'y penser me donne le goût de vomir.

Je reste assis sur le divan et m'allume une cigarette. Inspire. Le tabac crépite, luciole enflammée dans la pénombre matinale. Expire. La rue s'active. La vie s'agite. Les ombres dansent sur le mur de mon salon chaque fois qu'un piéton passe. Mais ils ne comprennent pas que de l'autre côté du mur, l'amour et la mort ne sont qu'une seule et même chose. Personne ne peut comprendre.

Que faire? Que faire lorsqu'un idéal meurt? Pire encore : que faire quand ton cadavre est étendu dans notre chambre à coucher?

Mon téléphone se met à sonner sur la table du salon. Les pièces de monnaie dans le plat en céramique cliquètent au rythme des vibrations. Mes tripes se resserrent. J'écrase ma cigarette et toise l'écran. Encore ? Non, je ne veux plus lui parler. Je ne peux plus.

Mon téléphone se tait enfin et le calme revient dans l'appartement. Je respire déjà mieux. Je me lève et marche vers la salle de bain. Le ventilateur au plafond gémit dans son socle. Chaque rotation est pénible, chaque grincement sonne comme un appel à l'aide. Des relents d'hier me reviennent. Moi aussi, je suis vidé, vanné, exténué.

Je suis nu, léger, mais le poids de ma peau pèse encore lourd. Ma réflexion dans le miroir me dévisage pendant que tu continues de te décomposer dans la pièce voisine, comme tu l'as fait toute la semaine. Tout revient à toi, Ève. C'est ce que tout le monde a toujours voulu pour moi.

La canicule

Assis sur le comptoir de la cuisine entre deux assiettes sales, un vieux journal à la main, je poussais avec mollesse l'air humide de mon appartement sur mon visage. J'aimais la fraîcheur du stratifié sur mes fesses nues.

Comme chaque année, la canicule laissait sa marque sur Montréal, mais cet été, elle était insoutenable. Et ça ne faisait que commencer : la dame de la météo annonçait la veille qu'il faudrait endurer la chaleur pour une autre semaine au minimum. Une faible brise s'engouffra par la fenêtre du salon et entraina dans son sillage le bourdonnement des moteurs de la métropole.

Montréal, cette sous-estimée. Tellement de potentiel, si peu d'envieux. Ses petites ruelles, anonymes et sympathiques, et ses grandes artères, gueulardes et vibrantes. Son mont, bien planté en son centre, et ses souterrains, qui grouillent sans répit sous nos pieds. Sa neige, qui nous enferme pendant des mois, et ses foutues canicules, qui nous encouragent à ramper jusqu'aux terrasses à la poursuite d'une bonne bière froide. Sans oublier les francophones, à l'est, et les anglophones, à l'ouest. Montréal, le royaume des opposés.

Pleine de contradictions, comme moi. Pas étonnant qu'on soit tous bipolaires, les Montréalais.

Dehors, le chantier de construction chantait toujours. Ma rue avait été épargnée depuis le début de l'été, mais il fallait croire que c'était à notre tour d'y passer. J'écrasai ma cigarette dans le cendrier, parmi les nombreuses dépouilles de mégots, puis regardai le cadran de ma cuisinière. Plus que trente minutes avant de devoir rejoindre Raphaël au bar. Qu'allais-je me mettre sur le dos ce soir? Rien dans ma garde-robe ne m'intéressait. J'essayai un morceau, puis le jetai au sol, insatisfait. Je répétai l'exercice à quelques reprises, recouvrant au fur et à mesure le bois franc de tissus multicolores et de cintres de plastique. Toutes ces tentatives furent futiles. Je m'étendis sur le lit, les membres étendus sur toute leur longueur pour mieux supporter la chaleur. Le coton de ma couette était encore frais. Je me résignai enfin : j'allais opter pour mon ensemble habituel, celui qui m'avait si bien servit les deux dernières fois. Je n'étais pas superstitieux, mais je devais mettre toutes les chances de mon côté.

J'allumai une autre cigarette et me dirigeai vers mon réfrigérateur, qui m'offrait un triste spectacle. Une bouteille de jus d'orange presque vide, un poivron ridé, un vieux pot de yogourt et trois œufs pâtissaient sur les tablettes embuées. Je tentai ma chance avec le pot de yogourt, mais aussitôt que je soulevai le couvercle, la forte odeur qui s'en dégagea m'agrippa les tripes. Je le refermai et le remis à sa place, où il m'attendrait jusqu'à notre prochain rendez-vous nauséabond. Je n'eus pas plus de chance dans le congélateur. Deux bacs à glaçons vides et des boîtes de jus habituellement destinées aux enfants, ce n'était pas grand chose à se mettre sous la dent. Il était l'heure de partir. J'allais devoir endurer mon estomac ronchonnant encore un moment.

Montréal sent fort, surtout durant les canicules. Des relents d'urine, de sueur et d'ordures flottaient dans l'air. Cette année, s'ajoutaient à ce cocktail les effluves des entrailles de la ville, grâce aux nombreux chantiers de construction qui pullulaient à travers la ville. L'odeur d'égout et de merde qui coule à flots, ça coupait l'appétit.

En chemin vers le bar, je grillais ma énième cigarette de la journée. Après cinq ou six, j'arrêtais de compter.

J'expulsai la fumée de mes poumons, prenant un malin plaisir à empester les troupeaux de jeunes gens qui se pavanaient sur les trottoirs. Chaque vendredi soir, alors que le soleil s'assoupissait, la ville, elle, s'éveillait. Chacun revêtait ses plus beaux habits dans l'espoir vain que quelqu'un les remarque. Les meutes de gars se bousculaient à l'entrée des bars, se préparant à chasser leurs proies. Chandails serrés, cheveux luisants, le soir venu, les loups enfilaient leurs costumes de paons.

Les filles, quant à elles, se prêtaient à ce qu'on croirait être un défilé de mode amateur. Très amateur. Avec leur maquillage appliqué au rouleau et leurs cheveux défiant les lois de la gravité, elles donnaient l'impression qu'un embaumeur prêtait désormais ses services aux vivants. L'éventail de décolletés, de nombrils et de cuisses, normalement caché par la pudeur du quotidien, se révélait au grand jour, laissant peu de place à l'imagination.

Malgré toute cette pollution visuelle, mon nez, lui, se réjouissait. Tous ces parfums, mélange éclectique d'odeurs synthétiques, me faisaient du bien. Nous baignons sans cesse dans une mare de senteurs purement humaines, de transpiration, d'haleine, de putréfaction. L'humain pue. Indubitablement, il finira par puer. Couvrir des odeurs si fondamentales pour quelques heures témoigne du génie humain. Arriver, pour un moment, à faire taire notre vraie nature, voilà le plus grand accomplissement de l'humanité.

Appel avec mon père

La sonnerie du téléphone rythmait chacun de mes pas lourds d'humidité. J'avais l'impression de nager au travers de cette masse invisible engluant tout sur son passage. De longs ruisseaux de sueurs se formaient un peu partout sur mon corps, cascadant sur mes côtes jusqu'au creux de mes hanches pointues.

- Hey, répondit mon père à l'autre bout du fil, la voix rauque.

- Oh, tu dormais ? Tu as travaillé de nuit hier ?

- Oui, un gars n'est pas rentré, alors j'ai dû couvrir pour lui jusqu'à huit heures ce matin.

- Tu ne travailles pas cette nuit, j'espère ?

Il se racla la gorge.

- Oui, un double quart. On a plusieurs commandes qui doivent partir et on est en retard, dit-il en soupirant.

- Papa, aller, tu ne peux pas toujours faire ça. Tu vas finir par te taper une dépression.

- Hmm... T'as parlé à ta mère récemment ?

Mon père détestait qu'on le remette en doute. Il préférait changer de sujet pour éviter qu'on lui parle de ses mauvaises habitudes. Quoi que je m'en permettais un peu. Au-delà d'être mon père, il était mon ami, mon confident, mon pilier. Mais cette relation père-fils atypique n'était pas une coïncidence. Il nous avait été imposé par la vie. Et par la vie, je voulais dire ma mère.

- Non, mais elle m'a encore appelé ce matin. Elle m'appelle souvent quand elle boit, en revenant de travailler. Mais ça fait des semaines que je n'ai pas répondu. Surtout depuis notre dernière discussion. Ça se termine toujours de la même façon, avec Adèle, et je commence à en avoir assez.

En appelant ma mère par son prénom, elle devenait une personne comme une autre. Ça me permettait d'oublier que j'avais déjà squatté son corps.

- Je sais, dit-il avec bienveillance, mais tu devrais tout de même l'appeler. Fais un effort. C'est ta mère, après tout.

C'était plus fort que lui. Malgré tout ce qu'elle nous avait fait subir, il continuait de défendre celle qui resterait toujours la femme de sa vie. Selon lui, je devrais pardonner tous ses torts, même si je n'avais pas l'ombre d'un bon souvenir avec elle.

Mais, je ne pouvais pas lui en vouloir. C'était mon père, après tout.

- Ok, ok... Je vais l'appeler.

- Merci. Elle a fait beaucoup d'efforts pour changer. Je lui ai parlé l'autre jour. Elle va beaucoup mieux.

- Comme avant chaque rechute, je te ferais remarquer...

- Je sais bien, mais elle travaille fort, il faut lui laisser du temps.

Du temps, elle en avait eu suffisamment durant les vingt-trois dernières années.

- C'est bon, j'ai compris, dis-je d'un ton sec. Est-ce qu'on peut parler d'autre chose ?

- Oui, oui, pas de problème. Tu viens souper à la maison bientôt ?

- Pour cette fin de semaine, je ne sais pas trop. La semaine prochaine ?

- Vendredi ? On fera du barbecue avec Manon.

Ah, Manon ! Mon père et elle s'étaient rencontrés dans un tout-inclu au Mexique un an plus tôt, et ils étaient inséparables depuis, ce qui ne me dérangeait pas du tout. Elle était gentille, attentionnée, aimante. Bref, tout le contraire de ma mère.

- Ce serait génial.

- Manon va être contente ! Elle a hâte de te voir. Elle me demande à tous les jours quand sera la prochaine fois que tu viendras passer du temps avec nous.

- Oui, j'ai hâte de vous voir aussi.

L'enseigne du bar apparut au-dessus des têtes des piétons.

- Écoute, Papa, je dois te laisser. Je viens d'arriver et mon ami ne devrait pas tarder lui non plus.

- Un ami ? C'est la première fois que j'en entends parler...

- Ce sera pour une autre fois. Bonne soirée, je t'aime !

- Moi aussi !

Je raccrochai et cherchai Raphaël sur le trottoir. Il n'était toujours pas arrivé. J'allais continuer de cuire en solitaire.

En attendant Raphaël

19:00. Pile à l'heure, fidèle à moi-même.

Raphaël aussi respectait ses habitudes. Il serait en retard, comme chaque matin au bureau. Deux commis comptables, deux façons de concevoir le temps. Pour lui, les chiffres n'étaient qu'une façon de payer ses factures. Pour moi, ils étaient mon refuge.

Un chiffre, c'est du solide. Une constante dans un monde en pleine transition, inscrite noir sur blanc. Sans ambiguïté. Au travail, les poèmes numériques de mes chiffriers me permettaient de m'oublier un instant, appréciant les colonnes de symboles défiler sous mes yeux. Je naviguais sur elles tel un aventurier à la découverte de l'Amérique. Un Jack Kerouac de la comptabilité, sans la drogue et le sexe. Enfin, de la drogue, mais ce n'était que quelques joints à l'adolescence. Et, au fond, du sexe aussi. Beaucoup de sexe, surtout ces derniers temps.

19:07. Avoir su que Raphaël se ferait attendre, j'aurais acheté quelque chose à grignoter en chemin. Mon ventre continuait de grogner, mais mon corps devrait se contenter de nicotine pour encore quelques minutes.

Raphaël ne m'avait pas donné l'impression d'un lambin lors de notre première rencontre. Dès mon arrivée à la clinique médicale, il s'était empressé de m'accueillir. Tout sourire, il avait engagé la discussion avant même que j'aie terminé d'aménager mon espace de travail. Mais j'en avais l'habitude. Les bavards fonçaient sur moi comme les mouches sur le fumier. Il avait vu dans mon laconisme l'opportunité d'étendre son auditoire. Depuis, lui et moi avions donc une relation bien définie : lui parlait, moi j'écoutais. Raphaël adorait raconter ses histoires, sans trop se demander si son interlocuteur les trouvait intéressantes. Les longs monologues m'avaient toujours collé à la peau, ce qui m'allait bien.

Je n'aimais pas m'imposer lors d'une discussion. Chaque mot qui traversait mes lèvres me donnait l'impression d'être celui d'un autre.

Si je n'étais que le vulgaire remplaçant d'une autre personne, pourquoi parlerais-je en son nom ? Et si je disais quelque chose qu'elle n'aurait pas voulu que je dise ? Je préférais garder le silence. Ainsi, ça m'évitait d'avoir à entendre ma propre voix, que je détestais, et j'évitais d'attirer l'attention. Parler, c'était s'exposer, et s'exposer, c'était tout mettre en péril.

19:26. Les portiers au regard meurtrier inspectaient un bref instant des bouts de plastique présentant pour la plupart une tout autre personne que celle qui se tenait devant eux. Parfois, ils allaient même jusqu'à accepter quelques dollars en plus pour laisser passer ceux qui avaient encore des airs de bambins. L'important, c'était que le bar soit plein, et avec la file qui ne cessait de s'allonger, il le serait bientôt. Raphaël avait insisté toute la semaine pour que je prenne un verre avec lui, et le voilà qui me faisait attendre. S'il n'arrivait pas dans les prochaines minutes, nous allions devoir trouver un autre endroit.

J'allumai une nouvelle cigarette et évaluai les options qui s'offraient à moi. Chose certaine, je devais aller manger. À l'écouter me gronder, mon estomac n'avait plus de patience. Je pensai à mon pot de yogourt qui m'attendait dans mon réfrigérateur. Peu ragoûtant. Je fixai les volutes de fumée qui s'échappaient de ma bouche. Je mangerais bien des tacos.

19:32. Je restai figé sur place, paralysé. Mon cœur sauta un battement. Le monde s'arrêta de tourner. Je te vis.

Ève

Un monde effacé d'un simple regard, ce regard doux, ce regard empreint de bonté. Toi et moi, seuls parmi la foule. Deux âmes sublimées par la puissance de leur rencontre. Tes yeux opalins transperçaient la pénombre crépusculaire. Ils me suppliaient de t'approcher, de te séduire, de te saisir.

D'un geste élégant, tu repoussas ta crinière vers l'arrière, phare ambré dans un océan de blond. Tu étais parfaite. Tout simplement parfaite. Tu gouvernais avec grâce du haut du piédestal sur lequel je venais tout juste de te déposer. Ta robe blanche perçait la foule. Seules quelques gouttes de sueur perlant sur ton front et ta poitrine trahissaient ton humanité.

Tes lèvres rosées et pulpeuses, comme un pamplemousse, révélaient un sourire d'une délicatesse sans nom. Le monde bourdonnait autour de toi, pour toi, comme des insectes autour d'un pot de miel. Je salivais déjà à l'idée de goûter ton nectar. Sentiment de déjà vu, comme si j'avais fait cette rencontre auparavant. Comme si toute ma vie, une force extérieure m'avait poussé vers toi. Un idéal inaccessible.

Jusqu'à maintenant. Je n'avais plus à attendre. Ève était là, devant moi, à ma portée.

Il ne me restait qu'à te conquérir. Mû par une nouvelle énergie, je me dirigeai avec conviction vers le bar. Mais, à peine avais-je fait quelques pas qu'on m'interpella. Tous les poils de mon corps se hérissèrent. Un seul mot qui pouvait tout faire s'écrouler. Quelqu'un venait de prononcer mon nom.

Mon nom

À chaque erreur, sa conséquence. On en commettait tous. Il en allait de notre humanité. Malheureusement pour moi, j'étais le triste résultat de celles des autres. Mes parents s'étaient rencontrés à l'école secondaire et étaient rapidement devenus inséparables. À seize ans, puisqu'on n'a jamais aimé avant, on aime comme si jamais plus on ne pourra aimer autrement. Alors qu'Adèle obtenait son diplôme, mon père quitta les bancs d'école et se trouva un emploi comme commis d'épicerie. À la fin de l'année scolaire, avant même d'avoir atteint la majorité, ils étaient partis à la conquête de l'Europe.

De Londres à Milan à Hambourg en passant par Valence, ils ont voyagé grâce aux économies de mon père et au maigre héritage qu'il avait reçu suite au décès de mon grand-père. Exaspérée, ma grand-mère jugeait que son fils n'aurait pas dû toucher cet argent avant ses vingt et un ans. L'histoire lui donna raison : leurs ressources s'étaient épuisées en moins d'un mois. Mais, ce ne fut pas pour cette raison qu'ils durent hâter leur retour.

C'est dans une toilette d'un café de Paris, encore adolescente, qu'Adèle a appris en urinant sur un bâton de plastique que sa vie ne serait plus jamais la même. Même avant mon premier battement de cœur, je savais que j'avais abouti dans la mauvaise vie. Être au mauvais endroit au mauvais moment, ma malédiction. Lorsqu'Adèle sortit des toilettes, mon père l'avait trouvé en état de choc. Ils ont discuté longuement et, aveuglé par leur naïveté juvénile, ont décidé de revenir à Montréal pour fonder une famille.

Avant même d'avoir vu son visage, j'ai senti que ma relation avec Adèle serait à jamais teintée d'amertume. Les spécialistes disent que l'on ne commence à avoir des souvenirs qu'à partir de l'âge de trois ans, mais je gardais de douloureux souvenirs du séjour dans le ventre de ma mère. J'assistais malgré moi aux mêmes prières tous les soirs.

- S'il vous plaît, lançait-elle dans l'univers, aidez-moi. Je suis trop jeune pour avoir un enfant, je ne suis pas prête. Faites en sorte qu'il ne soit plus en moi. Je n'en veux pas, je ne peux pas, je... Sauvez-moi...

Ma naissance n'a pas amélioré les choses. Même qu'elle a confirmé à Adèle que la maternité n'était pas faite pour elle. La relation idyllique qu'avaient autrefois vécue mes parents s'étiolait au fil des nuits blanches, jusqu'à un jour n'être plus qu'une chimère, un souvenir. Par la force des choses, ils étaient devenus deux étrangers partageant la même maladie, celle de m'avoir eu comme enfant. Peu de temps avant de célébrer mes trois ans, éreintée et abattue, Adèle décida que l'appel du monde était plus fort que celui de mes hurlements. Elle avait laissé un mot sur la table de la salle à manger expliquant, en deux phrases, qu'elle partait traverser les États-Unis avec un ami et qu'elle ne savait pas quand, ou même si, elle allait revenir. L'amour l'avait depuis un bon bout de temps quittée, et elle l'avait suivi par la porte laissée grande ouverte. Un jour, elle était revenue. Puis, repartie. Ce manège, elle nous l'a fait tellement de fois que je n'arrivais plus à les compter. Elle débarquait tel un ouragan et détruisait tout dans son sillage, sans jamais regarder derrière elle.

Malgré tout, cette enfance dysfonctionnelle n'était pas le plus grand fléau de ma vie. Cette gaffe, cette aberration, cette calomnie, était mon nom. Enfant, quiconque m'interpellait devait faire face à des crises incontrôlables, cocktail de pleurs et de gémissements. C'était peut-être parce qu'Adèle sonnait si faux lorsqu'elle prononçait le nom de son fils. Qu'à chaque fois qu'elle m'appelait, elle semblait s'adresser à quelqu'un d'autre. Ou bien que la simple mention de ces syllabes me donnait l'impression d'être arraché de moi-même. Qui sait? Encore aujourd'hui, je ne pouvais me résoudre à le prononcer.

Face à mon indifférence, on scanda encore mon nom. Pour l'instant, pas de crise. Je me devais de garder mon calme. De rester zen, en contrôle. Bref, d'être normal. Notre futur, à Ève et moi, en dépendait.

Raphaël

Je me retournai. C'était Raphaël.

- Mon Dieu, t'es chic!, me dit-il avec un sourire narquois.

Le fait de m'avoir fait patienter près de trente minutes ne l'ennuyait pas une seule seconde. Sa chemise imbibée de sueur semblait davantage être le résultat de l'humidité ambiante que d'une envie de rattraper son retard.

- T'es en retard, dis-je d'un ton sec après lui avoir soufflé la fumée de ma cigarette au visage.

On se vengeait comme on pouvait.

- Je sais, je sais, répondit-il en tentant d'esquiver mon attaque fumante. Je devais m'occuper de quelque chose. On y va?

J'acquiesçai et le suivis. La file d'attente s'étendait maintenant sur quelques dizaines de mètres. Tu n'y étais plus. Tu devais déjà être en train de siroter son premier cocktail au bar. Le temps pressait.

- On en a sûrement pour 45 minutes...

- Mais non, rétorqua Raphaël. Suis-moi!

Il m'attrapa par l'avant-bras pour me tirer vers un des portiers. Littéralement deux fois plus large que moi, le crâne rasé, il ne semblait pas d'humeur à jouer. Son cou était si épais qu'il aurait été impossible de rejoindre le bout de mes doigts si je tentais de l'étrangler. Enfin, peut-être que oui, mais je n'avais pas envie d'essayer.

- Qu'est-ce que vous voulez ? La file est là-bas, aboya-t-il.

- Je sais, je sais, répondit Raphaël.

Sa confiance resta inébranlable face à l'air renfrogné du portier.

- C'est juste que, vois-tu, je l'ai fait attendre, dit-il en me pointant. Et puis, il n'y avait personne à son arrivée. Alors, je me disais...

- Tu te disais quoi ?

- Je me disais que tu pourrais nous laisser rentrer.

Le portier nous lorgna sévèrement, le visage si froncé qu'on aurait cru que jamais un sourire n'avait étiré ses traits. Son crâne nu luisait sous la lumière artificielle du lampadaire. Il nous fixait de son regard meurtrier. Ses bras musclés, gros comme des troncs d'arbres, nous encourageaient à ne pas tester les limites de sa patience.

- Si vous voulez rentrer, c'est vingt dollars. Chacun. Sinon, vous retournez là-bas.

La file tournait maintenant le coin du bloc. En temps normal, je serais déjà à mi-chemin vers chez moi. Mais tu faisais maintenant partie de l'équation. Je saisis mon portefeuille pour payer le portier, mais Raphaël m'en empêcha.

- C'est ma faute. Je m'en occupe.

Quand je rouspétai, il insista.

- Aller, ça ne me dérange pas. Tu n'auras qu'à me payer une bière plus tard, dit-il avec un clin d'œil.

Il m'écœurait lorsqu'il jouait au héros. Mais bon, ça me faisait vingt dollars de plus. Raphaël sortit son portefeuille et en extirpa deux billets, qu'il déposa dans la grosse patte du portier. Ce dernier opina, rangea son butin dans sa poche et nous estampilla le poignet avec force. Je lui lançai un sourire, auquel je n'obtins pas de réponse.

L'escalier menant au bar, situé au deuxième étage, donnait l'impression d'entrer dans un autre univers. Les pales du ventilateur placé en haut de la cage d'escalier transformaient la lumière jaunâtre en stroboscope à basse intensité. De vieilles affiches de groupes de musique et des graffitis tapissaient les murs, conférant à l'endroit une énergie sauvage. À l'entrée de la salle principale, la puissance des haut-parleurs résonna jusqu'au plus profond de ma cage thoracique.

L'odeur métallique de l'air conditionné remplissait l'endroit. Le portier nous avait clairement berné : le bar était presque vide.

Où étais-tu ? Je balayai la salle du regard et t'aperçus, assise à une table avec tes amies. Vous rigoliez. Vous couiniez. Vous gloussiez. Vous faisiez ce que les filles normales font. Entre tes amies et Raphaël, il était impossible pour moi de tenter quoi que ce soit. Si je vous approchais à ce stade-ci de la soirée, je risquais de tout perdre. Et toi, et moi.

Pour l'heure, vous formiez un ensemble uni, indépendant des quelques groupuscules qui se déhanchaient timidement sur le plancher de danse. Ces molécules, stabilisées par le noyau de leurs inhibitions, se dissoudraient au fur et à mesure que l'alcool s'emparerait de leurs particules, pour éventuellement former une masse uniforme d'atomes uniques en parfaite harmonie. Ces bains de foule, que j'évitais à tout prix la plupart du temps, pouvaient être cathartiques par moment. L'odeur musquée de la sueur, la chaleur collante, le frottement incessant des corps. Le sentiment de se perdre dans quelque chose de plus grand que soi. Qu'enfin on m'acceptait pour la simple et bonne raison qu'on ignorait que j'existais. Effacé par les flots, j'arrivais à être normal.

Deux gars aux cheveux cirés me tirèrent de mes pensées en me poussant pour que je m'écarte du cadre de porte. Une réplique incisive me brûla les lèvres, mais Raphaël m'attrapa encore par le bras et me mena au bar avant que je ne puisse dire quoi que ce soit. Tu devrais attendre. De toute façon, il serait imprudent de t'approcher avant d'être seul. La patience était de mise.

Raphaël interpella le barman d'un signe de la main, qui s'approcha, l'air bonhomme.

- Qu'est-ce que je peux vous servir ?
- Une blonde pour lui, lui dis-je, et un daïquiri à la fraise pour moi.

Il me lança un large sourire et s'affaira à la tâche. Après quelques minutes, il déposa devant nous une pinte de bière et un cocktail rouge vif. Mon préféré.

- Et voilà, ça va faire seize dollars.
- T'as oublié la fraise, lui fis-je remarquer.

Un peu embarrassé, il s'empressa de m'apporter mon dû, que je jetai dans mon verre. Raphaël en plongea sa main dans sa poche, mais je le freinai d'un geste de la main. C'était à mon tour de jouer au mâle alpha.

Disparitions

Raphaël pratiquait son activité favorite : s'écouter parler. J'étais de ceux qui croyaient que lorsque les silences se comblaient d'évidences, mieux valait se taire. Raphaël, lui, ne faisait visiblement pas partie du lot.

Je sirotais donc mon daïquiri pendant qu'il me mitraillait d'anecdotes.

- ... et c'est comme ça qu'on s'est retrouvés au Mexique. On devait se rendre jusqu'en Californie, mais finalement on n'aura même pas dépassé Philadelphie! dit-il en riant.

Je l'imitai. J'avais l'habitude : on m'avait toujours dit que j'avais une écoute hors pair, que de se confier à moi, c'était facile. Avec le temps, j'avais appris à réagir au bon moment, à incliner la tête pour jouer l'empathie, à ponctuer les inflexions de hmm hmm sentis et à relancer la discussion en reformulant les bouts de phrases importants. Bref, j'étais l'interlocuteur parfait. Mais à ce moment, j'ignorais comment Raphaël en était arrivé là. Ce devait être une histoire fascinante. Peut-être pour une autre fois. Pour l'instant, je n'avais qu'une chose à l'esprit : Ève.

Raphaël se chargea de la deuxième ronde de boissons. Cette fois-ci, le barman ne prit aucune chance et déposa deux fraises dans mon daïquiri, qu'il accompagna d'un clin d'œil. Je levai mon verre en signe de remerciement avant de me retourner vers Raphaël.

- T'as vu, me lança-t-il après une gorgée de bière. Les policiers n'ont toujours rien trouvé. Ils ne sont même pas certains de l'heure à laquelle la deuxième a été vu pour la dernière fois. Personne ne sait comment la fille a quitté le bar. C'est comme si elle avait été kidnappée par un fantôme.

Oh! Maintenant, il avait toute mon attention. Un seul sujet était parvenu à détrôner les nids-de-poule et la canicule dans le palmarès des nouvelles estivales. Au cours des derniers mois, deux jeunes femmes avaient été portées disparues, et les topos sur le sujet se multipliaient. Segment à la radio, reportage à la télé, billet d'opinion dans le journal, vox pop au coin de Sainte-Catherine et Saint-Denis, rien n'y échappait. Des animateurs sexagénaires à la voix éraillée par la cigarette jetaient le blâme sur une jeunesse hypersexualisée. Des groupes féministes prenaient la parole pour dénoncer la culture du viol, eux-mêmes dénoncés par des chroniqueurs d'opinion pour leur «zèle gauchiste». Un slammeur avait récité un texte émouvant sur le plateau d'une émission de variétés pour expliquer à son garçon encore aux couches comment devenir un homme bon. Le débat s'était même rendu jusqu'au parlement provincial. La vice-première ministre avait fait une sortie publique, condamnant le dialogue de sourds face au traitement réservé aux femmes. Tout le monde avait son opinion. Tout le monde voulait prendre position.

Au début de la semaine, Raphaël m'avait aperçu à mon poste de travail en train de regarder la vidéo d'une entrevue avec le porte-parole du SPVM, qui suppliait les citoyens de rapporter la moindre information qui pourrait contribuer à faire avancer l'enquête. Flairant l'opportunité de repousser le travail, Raphaël s'était assis sur mon bureau et m'avait partagé sa curiosité pour les affaires policières sordides. Nous avions donc passé la semaine à discuter d'enlèvement et de meurtres, soit des bases solides sur lesquelles bâtir une amitié.

Je terminai ma gorgée et répondit à Raphaël.

- Ouais, ils en parlaient ce matin à la radio. Apparemment que ses amis l'ont vu quitter pour les toilettes, et après, plus rien. Même les portiers n'ont rien aperçu de louche.

- Rien vu de louche, répéta-t-il. C'est ça qui est dérangeant dans cette histoire. On dirait que personne n'a vu quoi que ce soit. Il faut être un vrai pro pour réussir un tel coup.

J'esquissai un sourire en coin, tout en essayant d'attraper une fraise au fond de mon verre à l'aide de ma paille.

- Non, mais il faut le faire. Pour arriver à faire disparaître une personne, le gars sait vraiment ce qu'il fait.

Je sentais de la fascination, voire de l'admiration, dans sa voix. Je réussis enfin à attraper la fraise en plantant ma paille en plein cœur, puis l'avalai d'une bouchée, fier de moi.

- Par exemple, regarde ici ce soir, reprit-il en me balayant la salle avec son bras. Ce n'est pas encore à pleine capacité, mais il y a déjà pas mal de monde. Plus tard durant la soirée, quand les gens auront trop bu, j'imagine que ça doit être facile de partir avec quelqu'un sans qu'on le remarque.

- À t'écouter parler, on pourrait croire que c'est toi qui es derrière les enlèvements!

- Non, mais c'est vrai quand même! Les soirées comme ça deviennent rapidement chaotiques, c'est l'endroit rêvé pour les gens un peu tordus...

- C'est toi qui es tordu.

Il se mit à rire.

- Là-dessus, t'as entièrement raison, dit-il en riant. Santé!

On leva nos verres à l'unisson. Raphaël finit le sien d'un trait, alors que j'optai pour une approche plus modérée. Je devais avoir toute ma tête si je voulais t'aborder. Tu étais toujours assise au même endroit, sirotais encore ton premier verre. Tout allait bien. J'avais du temps devant moi.

Le cellulaire de Raphaël se mit à vibrer sur le comptoir. Il l'attrapa d'un geste vif, avant même que je n'arrive à voir exactement ce qui était écrit sur l'afficheur. Avais-je lu Marie, ou Maria? Ou peut-être était-ce écrit Maman? Raphaël fixa son écran, l'air sérieux. Inquiet, même.

- Je dois répondre, dit-il, le regard toujours rivé sur son téléphone. Je reviens.

Il se leva et se dirigea vers la sortie d'un pas hâtif, me laissant seul sur mon tabouret. Pas grave. J'avais l'habitude.

La valse des amants

La salle comble ressemblait désormais à un océan en pleine tempête. Les fêtards, bien arrosés dans le déluge, relâchaient enfin les tensions accumulées au courant de la semaine. Les vagues traversaient la foule en suivant les modulations de la musique, agissant sur les gens comme la lune sur la marée. Les aigus créaient des remous et des périodes d'accalmie s'installaient en harmonie avec les basses.

L'onde de la tempête venait s'échouer jusqu'à moi. Chacun à notre extrémité du plancher de danse, toi et moi valsions au rythme de la houle. Un, deux, trois. J'épiais tes mouvements. Quatre, cinq, six. Timide, tu rejetais une mèche rebelle derrière son oreille. Un, deux, trois. Quelques instants plus tard, je te surprenais à m'espionner. Quatre, cinq, six. Prise la main dans le sac, tu retournais à tes amies.

Je jetai un coup d'œil vers la sortie. Raphaël avait quitté le bar depuis près de trente minutes. Je ne l'avais jamais vu aussi contrarié.

Je présumai donc que j'avais le temps de boire un autre daïquiri avant son retour. J'agitai mon verre vide, gommé de purée de fraise, pour attirer l'attention du barman. Il s'activa immédiatement et moins d'une minute plus tard, j'avais un nouveau breuvage rouge vif dans les mains.

Tu étais toujours entourée de tes amies. Je commençais à être nerveux. Mes mains étaient moites. Mes tempes tambourinaient. Mon estomac papillonnait. J'avais officiellement perdu le contrôle de mon pied droit, qui tentait sans succès de suivre le rythme de la musique. Cette fois-ci serait-elle la bonne? Celle qui me permettrait enfin d'être moi? J'avais envie de plonger, de me laisser porter jusqu'au large, de faire partie des flots. Je voulais faire partie d'un tout pour enfin être complet. Pour y arriver, il ne me manquait qu'une chose, et la clé se trouvait à une vingtaine de mètres de moi. Tu brillais, rayonnais. Tu contrastais, tranchais. Tu étais le seul élément étincelant sur la toile terne et monochrome que peignait la nuit estivale. Dans cet océan sombre et profond, tu flottais à la surface.

Je me sentais néanmoins plus à l'aise qu'au début de la soirée. Chaque regard que tu jetais en ma direction me donnait confiance. L'alcool devait aussi y être pour quelque chose. Je terminai mon verre d'une lampée. C'était décidé. Fini, la peur. Fini, l'angoisse. Au diable ce que les autres pensaient de moi. Au diable l'attente. Au diable la température de l'eau. Je plongeai.

Je parvins à me frayer péniblement un chemin au travers de la foule. Les gens dansaient, peu d'entres eux avec grâce. À défaut d'avoir de meilleurs outils, de parfaits inconnus s'inspectaient méticuleusement les dents de sagesse avec leurs langues. Un peu plus loin, un groupe s'adonnait à un jeu impliquant des verres de bière et des pièces de monnaie. Ils crièrent lorsqu'un d'eux réussit son lancer.

Le labyrinthe de corps mouvants se resserrait plus j'approchais le centre du plancher de danse. Des dos mous et mouillés s'écrasaient contre moi. Les projecteurs m'aveuglaient. La musique m'assourdissait. Je réussis à m'extirper d'un bouchon suant lorsqu'une jeune femme aux yeux vitreux me tomba dans les bras. Elle jeta ses bras autour de mon cou et pressa sa poitrine contre la mienne.

Elle sentait. Comme Montréal en plein été, elle sentait fort. Elle sentait la liberté, la chaleur humaine, le shampoing bon marché. Elle sentait la lavande artificielle et le printemps. Elle sentait les relents de vin blanc, de bière et de tequila, combinés à l'odeur des sucs gastriques qui s'acharnaient sur le plat indien qu'elle avait mangé pour souper. Il n'y a pas d'odeurs plus humaines que celles qui émanaient du système digestif. Elles étaient si profondes, si viscérales. Aucun moyen de les camoufler, de s'en sauver. Elles se tapissaient au fond de nous, où elles mijotaient en silence. C'était nous, sans artifices, sans mascarade.

À bout de souffle, ma « nouvelle amie » expulsait à grands coups de respiration ces parfums disgracieux. Je l'attrapai par les épaules, dégoûté, et la dirigeai vers un garçon à la barbe éparse et aux déhanchements malhabiles. Sans résister, elle commença à danser de façon suggestive avec son nouveau partenaire, qui me remercia avec deux pouces levés bien haut et un grand sourire.

J'atteignis enfin l'autre extrémité de la salle en zigzaguant entre les danseurs. Tu étais désormais seule à la table, si près que je pouvais presque sentir ta peau soyeuse sous mes doigts. Mais il fallait être patient. De telles beautés ne se laissaient pas séduire si facilement.

Tu tuais le temps en poussant les formes colorées sur l'écran de son téléphone cellulaire avec ton pouce, insouciante dans le tumulte, alors que personne d'autre que moi ne te portait attention. Si je voulais passer à l'action, c'était maintenant.

Un. Deux. Trois. Je me levai et m'approchai de la table. Quatre. Cinq. Six. Dans toute ma maladresse, je me pris les pieds dans la table, pas assez pour la renverser, mais juste assez pour te déranger. Un. Deux. Trois. Tu me fusillas du regard, attrapa ton verre, puis alla rejoindre tes amies pendant que je me confondais en excuses. Quatre. Cinq. Six. Tu disparus dans la cohue, avalée par la foule.

Une nuée de bulles blanches s'échappaient du comprimé qui avait coulé au fond de ton verre.

C'était la valse des amants.

Le barman

Je dévalai l'escalier menant à la rue, et enfin je pus respirer. Je devais faire le plein de nicotine. Mes bronches s'emplirent d'air frais, satisfaisant, comme si depuis mon arrivée au bar j'étais en apnée. Même l'humidité semblait moins lourde que là-haut. Ma cigarette me permettrait de reprendre mes esprits, de respirer mieux. Alliée de toujours, elle me donnait toujours l'impression d'enfin reprendre le contrôle, ne serait-ce que pour un moment. Je reprenais ma place au centre de ma vie, là où c'était moi qui menais, et pas les autres. C'était tout ce que j'avais toujours voulu. Être en contrôle de moi.

Mais, le contrôle, le vrai, résidait dans la boîte de patches qui croupissait pour l'instant au fond de ma table de chevet, intacte. J'avais encore besoin de temps.

Un morceau de tabac sec se colla sur le bout de ma langue. J'essayai de l'attraper, la bouche grande ouverte. Je devais avoir l'air d'une carpe.

- Hey!

Quelqu'un m'interpellait, sa voix étouffée par le bourdonnement de mes oreilles. Je me retournai et aperçus le barman qui nous avait servi plus tôt. Assis sur un banc, il me fit signe de venir le rejoindre pour fumer avec lui.

- Comment se passe ta soirée? T'es plus avec ton ami?

Je haussai les épaules et m'assis à ses côtés en tirant un long trait de ma cigarette.

- T'es parti un bon moment, t'es allé danser?

- Pas vraiment, non.

- Ah ah, t'aimes pas danser? As-tu rencontré quelqu'un, au moins?

Je secouai la tête. Tu devais rester mon petit secret. J'avais trop à perdre.

- T'en fais pas. La séduction, c'est comme essayer d'attraper des poissons dans un étang: quand tu mets le pied dans l'eau, après quelques secondes, ils te tournent autour, mais aussitôt que tu essaies de les attraper, au moindre mouvement dans leur direction, ils se sauvent. Je dois bien tomber en amour quatre ou cinq fois chaque fois que je travaille, alors je te comprends. Aux cœurs brisés!

Il leva sa cigarette dans les airs, comme s'il portait un toast. Je l'imitai timidement. On resta assis en silence un moment, à fumer et à regarder les passants déambuler. Mon corps recommençait à se synchroniser avec la douceur de la nuit. Un groupe de jeunes femmes défila devant nous en riant. Le barman les reluquait sans s'en cacher. L'une d'elles nous sourit en s'éloignant. Aucune ne t'arrivait à la cheville.

- Moi, c'est Félix en passant.
- Enchanté Félix.

Il me sourit et termina sa cigarette avant d'en saisir une autre. Il me tendit le paquet. Je n'aimais pas cette marque bas de gamme, mais une cigarette goûtait toujours meilleure lorsqu'elle était gratuite.

- Je n'ai pas toujours fumé, dit-il en allumant ma cigarette avec son briquet. Au début, ça me dégoûtait un peu, mais je voyais tous mes collègues prendre des pauses alors que moi je restais planté au bar. J'ai décidé de faire comme eux. Ça me permet de décompresser un peu.

Je restai coi. Il prit une bouffée, me jaugeant du regard. Après quelques secondes, il se tourna légèrement et s'approcha de moi en posant son bras sur le dossier du banc.

- Tu veux que je te dise ? T'as une énergie... C'est dur à décrire. T'es pas comme les autres que je vois passer ici.

Je lui lançai un regard perplexe, auquel il répondit d'un sourire confiant. Je sentais qu'il m'analysait, m'inspectait, même. Je commençais à être inconfortable, mais je devais éviter que Félix le ressente. M'avait-il vu mettre le cachet dans ton verre?

- La majorité des gens que je rencontre essaie de parler plus fort que tout le monde et de se faire remarquer, mais toi... Toi, t'écoutes. T'as l'air d'essayer de comprendre avant d'agir. Ce sont de belles qualités. J'aime ça.

- Euh, merci...

Il s'approche un peu plus.

- Non, je suis sérieux. C'est bien beau la vie de bar, mais une personne comme toi, ça fait du bien de temps en temps.

Je ris, mais j'avais l'impression de sonner faux. Félix, lui, ne semblait pas s'en soucier.

- Tu ne parles pas beaucoup, hein ?
- Seulement quand j'ai quelque chose à dire.

Il rit à gorge déployée.

- Est-ce que c'est un message que tu m'envoies?

Je haussai les épaules. Il rit de plus belle.

- Qu'est-ce que tu fais de bon dans la vie ?
- Je travaille en comptabilité dans une clinique médicale.
- Ah oui ? Et t'aimes ça ?
- Ça paie mes factures.
- C'est le plus important, non? C'est comme moi. Tu penses vraiment que je travaille ici à cause de ma passion pour les gens saouls et les verres sales? Je le fais parce que ça me permet de vivre mon rêve.
- Ah oui? Quoi?

Il me lança un sourire en coin.

- Je joue de la guitare dans un band indie. On a fait plusieurs petites salles, ça paie un peu, mais pas assez. C'est certain que j'aurais pu écouter mes parents, faire de bonnes études, me trouver un bon emploi, et après essayer de poursuivre ma carrière de musicien. Mais qui a vraiment envie de devenir comptable, hein?

Il ricana en me faisant un clin d'œil.

- Je te taquine. Les deux sont avocats, je n'aurais pas vraiment eu d'autre choix que de suivre leurs traces. M'aurais-tu vraiment vu en veston-cravate? J'imagine qu'ils voulaient que ce qu'il y a de mieux pour moi, mais j'aurais été vraiment malheureux à travailler dans un bureau. Ma vie n'est peut-être pas parfaite, mais au moins, c'est ma vie.

Il prit une pause pour inhaler une dernière bouffée.

- Bon, je dois y retourner, tu rentres avec moi ? Je t'offre la prochaine ronde.

Je regardai ma cigarette, qui était presque terminée, et rejetai le mégot d'une chiquenaude désinvolte. Je me sentais beaucoup mieux, mais je commençais à dégriser. J'avais besoin d'un autre verre. Et puis, comme les cigarettes, les daïquiris goûtent toujours meilleur lorsqu'ils sont gratuits.

Le conte de fées

Je retrouvai le tabouret sur lequel j'avais entamé ma soirée. Félix, lui, reprit sa place derrière le bar.

- Un autre daïquiri, j'imagine ?

J'opinai, puis il s'activa. La danse qui se déroulait derrière le bar avait quelque chose d'envoûtant. Les corps s'effleuraient, les bouteilles passaient de main en main et les verres étaient servis sans heurt. La fluidité des mouvements des barmans rappelait celle des canards qui, malgré leurs déplacements paisibles à la surface, agitaient leurs pattes vigoureusement sous l'eau.

En moins d'une minute, Félix déposa le cocktail devant moi puis saisit deux petits verres et une bouteille de tequila.

- Tiens, c'est moi qui paie. Ne le dis pas à mon gérant, dit-il avec un clin d'œil. Santé !

On leva tous deux nos verres et les vida d'un trait. La brûlure fut si intense que je me mis à tousser, mon visage déformé par le dégoût.

- C'est bon, hein ? me dit Félix à la blague.

- Disons que ce que je bois normalement est beaucoup plus doux!

- Oui, c'est assez doux, c'est le moindre que l'on puisse dire, me dit-il en riant.

Amusé, il remplit à nouveau les verres. Le goût était tout aussi désagréable. Mon visage le laissa encore une fois transparaître puisque Félix décida de nous resservir pour une troisième fois.

- Tu vas me tuer.

- Aller, c'est bon pour toi. Fais-moi confiance, je suis un expert !

Je me bouchai le nez et bus la tequila cul sec. Ma tête commença à tourner. La musique, le plancher de danse, le bar, l'éclairage, tout commençait à tourner. Je devais admettre que c'était assez plaisant. Je fis signe d'arrêter de nous servir, sans quoi Félix devrait ramasser tous les daïquiris qu'il m'avait servis au courant de la soirée.

On continua à discuter une bonne partie de la soirée. Bien que Félix ait dû interrompre nos conversations par moment pour servir des clients, ces derniers se faisaient de plus en plus rares. Vers une heure trente du matin, il m'apporta mon sixième daïquiri de la soirée. Alors que je sirotais mon verre, il me pointa la porte d'entrée.

- Tu vas voir, c'est ce que j'aime le plus de mon travail, dit-il, l'œil brillant.

En effet, la fin de soirée nous offrait un spectacle assez divertissant. Félix et moi riions ensemble de l'allure piteuse dans laquelle se trouvaient les fêtards. Une fille, probablement épuisée de sa journée, était complètement affalée sur une table et était plongée dans un sommeil aussi profond que la Belle au bois dormant. Un filet de bave s'échappait de sa bouche. Son prince charmant attendrait sûrement un peu avant de lui donner le baiser qui pourra la réveiller. Disséminés à travers la salle, des « amoureux du moment » se récitaient les plus beaux poèmes d'amour tous au fond de la gorge, pour être bien certains que le message passe bien. À les voir tanguer de la sorte, on aurait pu croire que ceux qui sortaient du bar marchaient tous sur un lit d'eau.

Moi aussi je commençais à sentir les effets de la tequila, tellement que je t'avais presque oublié. Mais où étais-tu ? Je balayai les alentours du regard. Aucun signe de toi ou de tes amies. Je scrutai le fond de la salle. Toujours rien. Merde. C'était fini. Je venais de perdre l'unique chance de rencontrer la femme idéale. Je terminai rapidement mon cocktail, laissai sur le comptoir assez d'argent pour payer ma facture et récompenser le généreux service de mon nouvel ami, et parti à ta recherche. La salle n'étant pas très grande, j'en arrivai rapidement à la triste conclusion que tu étais partie. Merde et remerde.

Si la tempête s'était calmée dans la salle, elle semblait s'être logée dans ma tête, où la confusion régnait. Je maudis Félix et sa foutue tequila. Je devais retrouver mes esprits, et vite. Je me dirigeai vers la sortie en zigzaguant. Peut-être que les planchers étaient réellement liquides après tout. Je dévalai les marches en contournant un jeune homme si exténué qu'il avait cru bon faire une sieste au milieu de l'escalier. Probablement le prince charmant de l'autre. Comme c'était romantique.

Dehors, les trottoirs grouillaient de monde. Tous les établissements du quartier se vidaient environ au même moment, ce qui donnait droit à un mélange éclectique de genres. Certains beuglaient, d'autres pleuraient. Les chauffeurs de taxi, qu'on hélait à tue-tête, tentaient de rentabiliser le moment le plus payant de la soirée. Dans tout ce brouhaha, je m'allumai une cigarette et retournai m'asseoir sur le banc où, quelques heures plus tôt, Félix et moi avions fumé ensemble. J'avais besoin de penser. J'avais besoin de dégriser. J'avais besoin de toi.

Il était maintenant deux heures et quart, trop tard pour entamer des recherches. Et peut-être que c'était parfait ainsi. Peut-être qu'au fond, c'était un signe. Un signe qu'il fallait que ça cesse. Les façades, la séduction, le contrôle. Peut-être que je devais laisser aller. Peut-être que je devais manger des tacos et aller au lit, pour dormir jusqu'à demain, où tout serait plus simple.

La porte du bar s'ouvrit avec fracas, frappant le dos massif du portier au passage. Celui-ci se retourna et attrapa une jeune femme, visiblement très éméchée. Elle le repoussa et tituba dans ma direction, avant de s'affaisser sur le lampadaire. Assise sur le trottoir, entre une boîte de pizza vide et des journaux piétinés, elle tentait de retrouver ses esprits.

Mon cœur s'arrêta. C'était toi. C'était Ève.

Les grands esprits se rencontrent

Tu étais là, à quelques mètres de moi seulement. Je restai assis quelques instants à te regarder, à t'admirer, même. Tu avais la tête calée dans le creux de ton coude, tes cheveux ambrés tombant en cascade sur tes genoux.

En me levant, je réalisai que je tremblais. Dans cette chaleur caniculaire, dans cette humidité gluante, dans la nuit estivale, je tremblais d'excitation. Les frémissements gambadaient le long de mon corps frissonnant. J'avais attendu si longtemps.

Je m'approchai de toi d'un pas lent, précis, d'un pas de loup. Je m'accroupis et déposai ma main sur ton épaule, sur ta peau de soie.

- Ève ?

Tu relevas la tête et te tourna vers moi, les yeux vitreux, l'esquisse d'un sourire aux lèvres.

Tu levas un doigt, comme pour dire quelque chose, mais le laissa retomber immédiatement.

- Hmm...

- Ça va ?, lui demandai-je.

- Oui, oui...

Chaque mot qui sortait de ta bouche te demandait un effort considérable.

- Ça va, ça va... J'ai... je ne me sens vraiment pas bien...

- Est-ce que tu vas être malade ?

Tu secouas la tête et, sans crier gare, chavira dans mes bras. Je t'attrapai, surpris, et te redressai. Tu te mis à rire.

- Tu m'as... tu m'as sauvé !

Hilare, tu semblais divertie par ton manque d'équilibre.

- T'es comme... T'es comme une... une... un sauveur !

Ton rire transperçait la nuit. Un rire sincère ne pouvant provenir que d'une personne aussi pure que toi. Tes cheveux en bataille, ton baume à lèvre débordant des limites de tes lèvres, ton parfum inhibant la puanteur de la ville. Malgré ton état, tu avais la perfection qui te faisait bien.

Je regardai autour de nous.

- T'es pas avec tes amies ?

- Non... Je ne sais pas elles sont où. Je les ai perdues... J'ai perdu mes amies.

Tu enfonças à nouveau ton visage dans tes mains. Tu secouas la tête et vacillas légèrement. Moi-même un peu chancelant, j'essayai de te consoler en posant ma main sur ton épaule. J'étais désormais, comme tu me l'avais si bien dit, ton sauveur, celui qui te protégerait de l'emprise du monde.

- Es-tu certaine que tes amies ne sont pas à l'intérieur? Peut-être qu'elles ne sont qu'aux toilettes.

- Non... Ça va aller. Elles sont parties...

J'esquissai un sourire. Tu pris une longue pause. Les jambes des passants nous ignoraient, deux amoureux ivres assis parmi les déchets.

- Elles m'ont abandonné ! Ça ne se fait pas, abandonner quelqu'un comme ça... Surtout... Hmm...

- Veux-tu marcher un peu? Ça te ferait du bien. Tu as faim ? Veux-tu aller manger quelque chose ? Je peux te cuisiner quelque chose chez moi.

Je ne tremblais plus, mais il fallait revenir chez moi avant que la nervosité me fasse commettre une erreur. Ta tête dodelina.

- Hein ? J'ai la tête qui tourne... Tu poses beaucoup de questions... C'est... Tu vas me sauver... hein... tu vas prendre soin de moi ?

Cette dernière phrase avait été dite avec le ton d'une enfant perdue que l'on retrouve au milieu des allées d'un magasin de grande surface. Ce ton implorant, fragile.

Je t'aidai à te redresser. Tu tentas de poser le bout de ton index sur mon nez, mais ne parvint qu'à l'écraser avec maladresse sur ma joue avant de te laisser choir encore une fois dans mes bras. Je changeai de tactique.

- Tu devrais peut-être t'étendre, lui dis-je. Si tu veux, mon appartement est à quelques minutes d'ici. Tu pourrais prendre mon lit. Je dormirais sur le divan.

- Tu ferais ça pour moi ? C'est trop… C'est trop gentil…

Je pris ton bras et le jetai autour de mon cou avant de prendre la direction de mon appartement. Les cônes oranges et les fêtards rendaient nos déplacements périlleux. Mon cerveau fonctionnait au ralenti. L'heure n'était plus aux demi-mesures.

En entrant dans l'appartement, je réalisai avec gêne le piteux état des lieux. Des journaux étaient éventrés sur ma table de salon, au centre desquels trônait mon cendrier débordant de mégots. Mon ventilateur continuait de gémir à chaque rotation. Ma radio s'entêtait à nous dévider ses sempiternelles ritournelles. Sur la table de la salle à manger traînait le bol que j'avais utilisé au déjeuner, alors qu'une grande quantité de vaisselle attendait sur le comptoir d'être lavée. Les vêtements que j'avais portés au travail plus tôt gisaient sur le plancher de ma salle de bain, trop pressé de me rafraîchir à mon arrivée pour les mettre dans le panier de linge sale placé juste à côté. C'est quand les regards étrangers se posent sur notre condition qu'on réalise l'ampleur des dégâts.

Pourtant, tu ne semblais pas trop t'en soucier. Tu tombas de tout ton poids dans mon divan, duquel s'échappa un fin nuage de poussière. Je pris place à la table et m'allumai une cigarette.

Tu jouais dans tes cheveux fauves. J'admirais tes mouvements félins, longs et fins, lorsque tu étirais tes muscles engourdis. Tes cheveux ruisselaient sur l'accoudoir du divan, s'écoulant comme une rivière enflammée. Tes orteils dénudés pianotaient en l'air comme une bande de bambins au visage rose et rond, suivant la musique que tu te jouais dans ta tête. D'un geste gracieux, tu saisis un journal traînant sur la table et feignis de le lire en me jetant des regards lascifs. Lassée après quelques secondes, tu le jetas sur le sol et te cambras, les doigts glissant dans ta crinière. Tout de toi dégageait la sensualité, la passion, la tentation. Je n'arrivais plus à penser clair. Le sang martelait mes tempes. Mon rythme cardiaque s'accélérait. Je n'en pouvais plus de me retenir.

Je ne devais pas répéter les erreurs du passé.

La valse des amants II

Je devais être le parfait gentleman. Pas question de faire une avance mal calculée, trop audacieuse. Les yeux mi-clos, lovée parmi les coussins, tu commençais à t'assoupir. Je m'approchai de toi.

- En tout cas, tu as l'air bien, lui dis-je.

- Hmm, hmm...

- Peut-être que tu veux rester là, mais je pense que mon lit serait plus confortable. Il y a plus de place.

- Ici... C'est bien ici...

- Je n'ai pas de rideaux dans le salon. Le soleil se lève tôt, dans ma chambre, tu vas pouvoir dormir plus longtemps.

Je me penchai à tes côtés et te flattai les cheveux.

- Aller. Qu'est-ce que t'en dis : on va dans la chambre?

- Hmm... Ok...

Je t'aidai à te lever et te guidai entre les objets qui jonchaient le sol. Tu trébuchas dans un coussin, m'entraînant dans ta chute. Je plongeai mes yeux dans les tiens avant de m'esclaffer face à notre maladresse. Tu souris, posas ta main sur ma joue. J'étais en territoire inconnu. Un pays de tendresse et de douceur. Un lieu loin de moi. Peut-être que ça pourrait fonctionner, nous deux, après tout? Peut-être qu'Ève et moi, pour toujours, ça se pouvait.

Mais je ne pouvais taire ma nature non plus. Je sentais monter en moi cette chaleur. Cette certitude, cette irrécusable réalité, cette aura de fatalité.

Je posai ma main sur la tienne. Tes ongles glissèrent contre ma peau, suivaient le relief de ma joue. Un frisson me traversa, tous les poils de mon corps se dressèrent. Tu pris de grandes inspirations, ton cou d'un blanc immaculé exposé, sa poitrine suivant leur rythme sensuel. Je déglutis. Mes lèvres avaient soif des siennes, de sa sève. Ici. Maintenant.

Pas encore. Attendre un peu. Je devais me ressaisir, me retenir.

Je me redressai, haletant de désir, et te pointai le lit.

- Tu peux dormir ici, je fermerai les rideaux. Je peux aussi fermer la fenêtre si tu le préfères, mais tu risques d'avoir chaud.

Étendue sur le bois franc, tu continuais de m'observer. Tu passas tes mains sur ma nuque, jouant avec la pointe de mes cheveux. Cette fois-ci, ce fut un tsunami de tremblements qui déferlèrent sur mon corps. J'exultais face à tes initiatives. Je me sentais revivre.

C'était maintenant ou jamais.

Telle une panthère, j'attaquai. Je collai mes lèvres contre les tiennes avec force, sans hésitation. Mes frémissements se transmettaient de mon corps au tien. Nos mouvements se coordonnaient à chaque élan. On bougeait à l'unisson, deux corps en fusion. C'est à nouveau la valse des amants, moins gracieuse, mais plus sentie. Je t'empoignai, te serrai, t'embrassai encore et encore. Sur la bouche, sur le menton, sur les joues, dans le cou, sur les seins, sur tes épaules dénudées, rien n'échappait à l'emballement de mon appétit. La morsure de tes ongles dans mon dos animait mes mouvements impétueux. Je peinais à me contrôler. J'arrachai mes vêtements, toi les tiens. Je baisai tes cuisses, bouillantes de concupiscence, et tes jambes fléchirent sous le poids de mes avances. Désormais nues, nos vraies natures s'exposèrent l'une à l'autre. Enfin. Je pouvais être moi-même. Mon humanité, dans toutes ses imperfections, déferla sur toi. Je n'étais plus moi, tu n'étais plus toi. Nous étions nous. On s'effleurait, se savourait. On s'étreignait, oh ! s'étreignait, passionnément, vigoureusement, sans inhibition. On assouvissait nos soifs de chairs, de sueurs et de sang.

C'était la valse des amants, encore et encore. Couverts par la nuit, on se consommait, sans censure, jusqu'à ce que tout s'éteigne.

Mal de bloc

Même la fin de semaine, les machines trouvaient le moyen de m'embêter. L'écho des marteaux-piqueurs qui becquetaient le béton résonnait dans tout le quartier.

Le soleil matinal entrait librement dans la pièce à travers la fenêtre. J'étirai mes muscles endoloris et regardai la poussière flotter dans les faisceaux lumineux, comme une fine neige qui se déposait sur les meubles de ma chambre à coucher. La chaleur commençait déjà à s'installer, de nombreuses gouttes de sueur perlant çà et là sur mon corps.

Je regrettais d'avoir autant bu hier. Le sang martelait mes tempes en suivant la cadence des travaux de construction. L'odeur fétide et persistante des égouts me levait le cœur. Tu étais étendue à mes côtés, inerte, sereine. C'était tout ce dont tu avais désormais besoin. De moi, et qu'on nous laisse tranquille. Ta tête était terrée sous ta tignasse, ensevelie sous une avalanche de cheveux roux. Je me levai en douceur et me dirigeai vers la cuisine pour boire, accompagné par l'infatigable cliquetis du ventilateur. La tête sous le robinet, complètement nu, j'avalais l'eau à grande lampée.

Quand je me redressai, j'eus l'impression que ma tête allait exploser. J'ouvris l'armoire où je rangeais mes pilules, mais ne tombai que sur une pile de contenants vides. Je poussai un soupir et m'assied sur le comptoir.

L'eau avait quelque peu apaisé la sécheresse saharienne de ma bouche. Je sentais le liquide froid dans mon estomac vide. Je n'avais rien mangé depuis le diner de la veille. Je devais trouver quelque chose à me mettre sous la dent, mais j'en arrivai à la même conclusion qu'hier : outre le triste pot de yogourt avarié et ma douzaine d'œufs, mon réfrigérateur n'avait rien d'intéressant à offrir. Je me repliai sur la boîte de céréales rassie qui traînait dans mon armoire et m'en fourrai une poignée dans la bouche.

Malgré mon lendemain de veille, le vacarme de la rue et la chaleur, j'avais l'âme heureuse. La femme idéale était étendue dans mon lit, que pouvais-je demander de plus?

Je pris une autre bouchée de céréales. Peut-être pourrais-je faire une omelette ? Rien de trop compliqué. Je décidai d'aller au marché pour y acheter des fruits et du jus d'orange. Il faisait grand soleil, la marche serait belle. Tout semblait parfait. Même la radio traitait de sujets plus joviaux qu'à l'habitude.

J'attrapai un t-shirt blanc et des shorts de sport dans le bac de linge, puis sorti de l'appartement. Je sifflotais, le cœur léger, je me sentais flotter. Puis, j'entendis mon nom. Comme la veille, mon cœur s'arrêta.

- Vient ici, faut que je te parle, me somma une voix enrouée avec autorité.

Madame Gagnon, ma voisine, se tenait dans son cadre de porte, vêtue d'une robe de chambre couleur lavande.

- Aller, vient ici, me somma-t-elle, je n'ai pas toute la journée.

Je ne pus retenir un petit rire moqueur. À son âge, outre écouter des téléromans en reprise et fulminer contre le changement, elle n'avait pas grand-chose à faire. Trapue, le teint gris comme ses cheveux, la peau gondolée à force d'être inondée par les intempéries de la vie, les doigts ployés sous la pression de l'arthrite, en robe de chambre en matinée comme en soirée, les pieds constamment enfoncés dans les mêmes vieilles pantoufles usées, madame Gagnon imposait le respect malgré sa petite stature. Elle conservait un regard pétillant et caustique, comme ses commentaires.

- Tu m'as pas encore apporté mon journal?

Son ton inspirait la réprimande. Du moins, plus qu'à l'habitude.

- Non, désolé, j'allais justement vous le chercher...

Tous les matins, à la demande de Madame Gagnon, j'avais pris l'habitude de faire l'aller-retour entre le hall d'entrée du bloc et mon étage pour lui apporter son journal. Ça me permettait d'être dans ses bonnes grâces, mais surtout, j'en profitais pour feuilleter une chronique ou deux à son insu. Je m'attardais généralement à la politique, mais depuis quelques jours, les disparitions captaient toute mon attention. Je prenais donc quelques minutes pour feuilleter la kyrielle d'articles sur le sujet. Hier, cependant, j'étais allé plus loin. Plutôt que de déposer le journal intact au pied de la porte, sans trop y penser, j'avais glissé le cahier spécial portant sur l'enquête policière dans mon sac, question de pouvoir le lire au courant de la soirée. J'espérais qu'elle n'ait pas remarqué ce banal délit.

Pour l'instant, elle me toisait d'un regard meurtrier.

- Est-ce vous voulez que j'aille le chercher maintenant, ou...

- Non, non, tu iras après. Là, tu vas me dire pourquoi t'as fait un tel chahut la nuit dernière. Je n'entendais presque plus la fille donner les numéros de loterie à la télévision.

Je déglutis péniblement. Nous avions fait du bruit, certes, mais jamais je n'aurais cru qu'on nous avait entendus.

- Hum... désolé, ça ne se reproduira plus...

Je pris un ton implorant.

- Je vais faire attention la prochaine fois.

- Ouais, c'est ça... Tu peux baiser autant que tu veux, pourvu que je ne vous entende pas!

Je sentis le plancher se dérober sous mes pieds.

- Euh... non... Hmm... Ce n'était pas comme ça, c'était juste... Ce n'était pas ce que vous pensez, Madame Gagnon.

Je sentais mon visage devenir rouge tomate, mon cœur palpitait.

- Est-ce que j'ai l'air d'avoir une poignée dans le dos ? Avec tout le tapage que j'ai entendu hier, vous ne deviez pas jouer au Scrabble.

- Euh... je...

- Les jeunes aujourd'hui, ils inventent toujours de nouvelles façons de faire le sexe. Dans mon temps, ce n'était pas compliqué : un homme, une femme, la lumière fermée, c'était réglé.

J'eus un haut-le-cœur, mais pas à cause de mon lendemain de veille.

- Je... je suis désolé...

J'étouffais. Il fallait que je sorte d'ici.

- Je dois vous laisser. Je dois aller à l'épicerie. Je vous le promets, Madame Gagnon, ça ne se reproduira plus.

- Tu dis ça, mais ce n'est pas la première fois que ça arrive. Si ça continue, je vais perdre patience.

- Vous avez raison, je m'excuse, vraiment. Ça n'arrivera plus. Promis.

- OK, OK, arrête de pleurnicher... Tu vas aller me chercher mon journal, maintenant ?

Je dévalai l'escalier, puis le montai aussi rapidement pour apporter son dû à madame Gagnon. Elle grogna et referma la porte avec une force surprenante pour une femme de son âge.

Enfin, le cœur à la gorge, la tête prête à exploser, je pris la direction de l'épicerie d'un pas lourd de conséquences.

Omelette au fromage

Je revins de l'épicerie avec un sac rempli de victuailles. Je me sentais déjà mieux.

Je déposai mes emplettes sur la table, puis allai à la chambre. Le soleil nimbait la pièce d'ocre. Je te trouvai couchée dans la même position que lorsque je t'avais quitté. Le contraire aurait été assez embêtant.

De retour dans la cuisine, je sortis un à un les articles du sac. Un sac d'oranges fondantes qui serviraient à préparer un jus fraîchement pressé, le meilleur remède contre les lendemains de veille. Un poivron plus vigoureux que celui qui se trouvait dans mon réfrigérateur, un oignon, une gousse d'ail, du fromage cheddar mi-fort et du persil frais pour concocter une omelette. J'en avais aussi profité pour acheter de l'aspirine.

Je dépeçai les poivrons, l'ail et les oignons, puis les jetai dans le beurre fondu. Les légumes crépitèrent au contact de la poêle brûlante. Je réduis le feu au minimum, puis mélangeai les œufs et le fromage. Je m'attardai ensuite aux pommes de terre, qui seraient rissolées et bien assaisonnées.

Alors que les effluves de cuisson embaumaient la pièce, j'en profitai pour remettre de l'ordre dans mon appartement. Une fois les souliers rangés, les coussins dépoussiérés, les cendriers vidés et la vaisselle lavée, je commençai à couper le melon. Je lui plantai le couteau dans l'abdomen. Son sang sucré m'aspergea. Délicieux.

Je crus percevoir du mouvement provenant de la chambre. Fébrile, je m'empressai de sortir les pommes de terre du four, désormais doré à point. Je m'approchai de ma chambre d'un pas nerveux. J'avais les mains moites et la bouche sèche. J'appréhendais toujours le lendemain matin. J'avais peur d'avoir fait une erreur.

J'avais peur de regretter.

Sans surprise, tu n'avais pas bougé. Le bruit devait provenir de la rue. Je te saisis par les aisselles et te redressai contre la tête de lit. Tu m'observais. Un mince sourire soulevait les commissures de tes lèvres. Des jets de cheveux ébouriffés s'échappaient de ton crâne, te conférant des airs d'éruption volcanique. Ton visage bouffi était constellé de mascara baveux qui recouvrait tes taches de rousseur, tes dents maculées de baume à lèvre rougeâtre. Tu n'affichais peut-être pas le lustre de la veille, mais sans l'ombre d'un doute, tu avais tout conservé de ta parfaite simplicité, de ta simple perfection.

Je plongeai mon regard dans tes yeux injectés de sang. Je brisai le silence.

- Bon matin...

Tu me souris.

- Tu as bien dormi ?

Tu étiras tes muscles engourdis, comme un bourgeon qui éclot au printemps, et me dit en bâillant que tu avais dormi comme une souche.

- Tu as faim ? Je suis en train de préparer à déjeuner.

Tu avais faim, oui, mais avais surtout mal à la gorge. Mes yeux se posèrent sur les marques que mes doigts avaient laissées la veille, mes marques d'amour.

- Donne-moi une seconde, je reviens.

Je m'empressai d'aller te chercher un verre d'eau et des comprimés d'aspirine. Je les déposai sur la table de chevet, puis m'assieds au pied du lit. L'air humide pesait lourd, comme ton regard. Que devais-je dire ? Que devais-je faire ? Pouvais-je t'embrasser ? Et si je ne le faisais pas, serait-ce une erreur ? Toutes ces questions traversaient mon esprit alors que toi, de ton côté, tu restais imperméable au malaise qui saturait la pièce. Tu me toisais, m'analysais, consciente de l'incroyable pouvoir de séduction que tu possédais. De ton corps émanait une puissante aura de fatalité que seule une personne qui obtenait toujours ce qu'elle désirait pouvait dégager. Inconfortable, intimidé, vaincu, je quittai la pièce sans dire un mot. Tu restas coite et continuas de m'observer à partir du lit alors que je jetais les œufs dans la poêle.

Je revins à la chambre quelques minutes plus tard avec deux assiettes fumantes en main. Tu n'avais pas touché ton verre d'eau et les comprimés d'aspirine. Tu devais déjà te sentir mieux. Je m'installai, dos à la commode, face au lit, et commençai à manger. Le silence perdurait et tu ne voulais pas broncher. J'essayai de me concentrer sur mon repas, de rester imperturbable, fort, comme un homme, un vrai, mais l'appel de ta beauté était trop puissant. Je déposai mon assiette et gravis lentement le lit jusqu'à tes lèvres. Je plaquai ma bouche contre la tienne, nos corps traversés de passion. J'ondulais sur toi, te couvris de mon amour. Toutes mes défaites s'évaporèrent. J'oubliai tout. Toutes ces fois où l'on m'avait rejeté, où l'on n'avait pas voulu de moi. Chaque moment où je ne m'étais pas senti à ma place, où j'étais l'intrus, l'imposteur, l'étrange. Je me sentais revivre. Je reprenais enfin le contrôle.

Rieurs et complices, on se colla un long moment et apprit à

connaître chaque recoin de nos âmes. Que fais-tu dans la vie ? Je suis étudiante. Qu'est-ce que tu écoutes comme musique ? Un peu de tout. Des frères ou des sœurs ? Deux sœurs. Chien ou chat ? Définitivement chats. Que veux-tu faire après tes études ? Voyager pour plusieurs mois. Pourquoi moi ? Silence.

Étroitement étreints, nos discussions occupèrent une bonne partie de l'avant-midi. Les contraintes du temps ne s'appliquant pas le samedi, on resta au lit toute la journée à alterner entre ébats et débats. Quand les couleurs orangées de l'après-midi inondèrent la chambre, tu t'assoupis dans mes bras. Je pensai à nous, à hier, à demain. Quand enfin je me levai pour aller à la salle de bain, je remarquai que tu n'avais rien touché de ton omelette au fromage.

Dommage.

Le roi de la jungle

Je venais d'une de ces familles où les dimanches avaient toujours été sacrés. Ma grand-mère, issue d'une génération où la religion était inévitable, avait tenté sans succès de l'imposer à sa propre famille. Produit de son temps, mon père rejetait entièrement les dogmes religieux, quels qu'ils soient. Mais quand, suite au départ de ma mère, nous avions aménagé chez ma grand-mère, lui et moi avions dû respecter les lois de la maison, toutes à saveur de catholicisme.

Je gardais de beaux souvenirs de ces dimanches en famille. Tôt le matin, on se préparait pour aller à la messe. Ma grand-mère prenait le temps de choisir comment je m'habillerais. J'aimais ces moments seuls avec elle, pendant que mon père se rasait la barbe pour l'unique fois de la semaine. Elle prenait plaisir à faire le tour de ma garde-robe, faisait défiler les habits, mais la décision se prenait toujours entre deux options. Je les détestais les deux. Mais j'aimais ma grand-mère, et surtout, j'aimais la voir heureuse.

J'aimais quand elle me souriait avec ses yeux, ces beaux yeux sombres, empreints d'épreuves, de compassion et de rides sinueuses d'où rayonnait toute sa sagesse. Des yeux qui avaient vu de belles choses et des laides. Ses yeux voyaient jusqu'où l'âme humaine pouvait aller. J'imagine que c'est pour ça qu'elle me comprenait.

Quant à la messe, c'était le comble de l'ennui. J'en profitais pour me blottir contre mon père et m'assoupir le temps du sermon. Il s'assurait que ma grand-mère ne me voit pas, sans quoi elle m'aurait harangué pour mon manque de respect envers «le petit Jésus». Nous revenions ensuite à la maison, où je regardais les dessins animés pendant que ma grand-mère passait à la cuisine. Pendant des heures, elle y préparait assez de nourriture pour nourrir une armée. Le dimanche, sa maison devenait le point de rassemblement des gens du quartier.

Les voisins débarquaient au milieu de l'après-midi, marmaille incluse. Il y avait les Chalifoux, une famille affable et sympathique partageant les penchants religieux de ma grand-mère, qui arrivaient presque toujours les premiers. Ils avaient deux enfants : Maxime, un bambin encore aux couches et Annie, une fillette d'un an ma cadette. Je ne la lâchais jamais du regard. Peu importe où elle allait, je la suivais. Aussitôt qu'elle eu mis les pieds dans la maison, tout cessait d'exister sauf elle. Elle, et sa robe blanche.

Les Chalifoux étaient suivis par les Néron et leurs triplets, des petits blonds à la joie de vivre débordante. Se greffaient à ce noyau solidaire les voisins qui allaient et venaient. Nous habitions dans un quartier modeste de la ville, ce qui impliquait des déménagements fréquents. Charitable de nature, ma grand-mère les recevait tous à bras ouverts, sans discrimination. Alors que certains refusaient poliment, la plupart acceptaient l'invitation avec un grand sourire. Les familles passaient. Les visages défilaient. Rapidement, je les oubliais. Mais pas les Cournoyer. Eux, jamais je ne les oublierai.

Les Cournoyer ne sont venus souper qu'à quelques reprises chez ma grand-mère. Il s'agissait d'une famille rangée et discrète, avec un seul enfant, Jérôme. À l'aube de l'adolescence, il se croyait le roi de la meute, et nous étions ses louveteaux. Alors que nous jouions dans la cour, il prenait un malin plaisir à nous lancer des défis. C'est lors d'un de ses jeux tordus que j'avais découvert qu'une fourmi, ça goûtait épicé. Pas comme un piment fort, non, plutôt comme si la fourmi me marchait dans la bouche, me picotant les joues, la langue, les gencives. Sous les ordres de notre leader imposé, nous avions aussi appris à lancer des roches aux oiseaux, à déraciner les plantes de ma grand-mère et à lui voler le chocolat mi-sucré qu'elle utilisait pour cuisiner. Des jeux, il en trouvait des nouveaux chaque fois que je le voyais. Il testait de plus en plus les limites de l'acceptable, jusqu'à sa dernière visite.

C'était au milieu de juillet. Il ne restait que les Chalifoux et les Cournoyers en ville, les autres familles étaient parties pour les vacances. Annie et moi regardions Le livre de la jungle au sous-sol. Enfant, c'était mon film favori. Je l'écoutais en boucle. Je me reconnaissais en Moogli, ce jeune garçon à l'identité que tout un chacun tentait de façonner. Mais, cet après-midi-là, je n'y portais pas attention. Il n'y avait qu'Annie. Son odeur vanillée. Sa peau satinée. J'aurais tant aimé saisir sa main fragile.

Jérôme et ses parents étaient arrivés chez ma grand-mère peu après le début du film, et il était plus volubile qu'à son habitude. Il nous racontait comment il avait accepté, à contrecœur, d'aller à la soirée d'anniversaire d'un de ses amis d'école. Il aurait préféré rester à la maison pour jouer aux jeux vidéo, mais ses amis n'avaient cessé d'appeler pour qu'il se joigne à eux. Du moins, c'est ce qu'il disait. Le torse bombé comme un petit Napoléon, il pérorait avec fierté qu'après le souper, il avait convaincu ses amis de jouer à la bouteille.

- C'est quoi, la bouteille ? avait demandé Annie.

- On s'assoit tous en cercle, avec une bouteille au milieu. Une personne la fait tournoyer et doit embrasser celui ou celle qui est pointé par le goulot.

- Oh.

- J'ai embrassé tout plein de filles, elles se jetaient sur moi !

Jérôme s'était tourné vers moi.

- T'as déjà embrassé quelqu'un, toi ?

Mon visage s'était enflammé. J'avais bredouillé que non, gêné par mon inexpérience.

- Et toi, Annie, t'as déjà embrassé quelqu'un ?

- À l'école, mon ami François m'a déjà donné un bec sur la joue.

J'étais dévasté. C'était qui, ce François?

- Je parle d'un vrai bec, l'avait reprit Jérôme. Sur la bouche.

- Ce ne sont pas seulement les grands qui font ça ?

- Bien sûr que non. Regarde, bouge pas.

Il s'était avancé vers elle et avait posé ses lèvres sur les siennes. Mon visage empourpré de honte était désormais écarlate de jalousie. Mon cœur battait à toute vitesse. J'aurais voulu tirer Jérôme par les cheveux. Lui crever les yeux. L'étrangler.

Mais je ne fis rien. J'étais tétanisé.

- Tu vois, ce n'est pas si pire que ça, avait dit Jérôme.

Annie avait haussé les épaules.

- Mes parents m'ont dit qu'il fallait attendre d'être marié avant de faire des choses comme ça.

- Ils disent n'importe quoi ! Tu peux embrasser qui tu veux, à l'âge que tu veux.

- Hmm... D'accord.

Jérôme m'avait regardé en gloussant.

- Non, mais tu t'es vu ? T'es complètement rouge ! T'aurais aimé que je t'embrasse aussi ?

- Euh... Quoi ?

- C'est correct.

Il s'était avancé vers moi. Mon cœur palpitait. Mais qu'est-ce qu'il faisait? J'avais imploré Annie du regard, mais elle était déjà retournée au film qui jouait à la télévision. À l'écran, Kaa tentait d'envoûter Moogli avec ses yeux hypnotiques et son chant aux paroles trompeuses.

Aie confiance, crois en moi.

Jérôme s'était approché de moi, les lèvres pincées. Son odeur d'adolescent en poussée de croissance me donnait la nausée, mais pas autant que l'idée de l'embrasser. Il avait plaqué sa bouche contre la mienne. Ses lèvres sèches égratignèrent les miennes. Sa moustache naissante sentait les légumes bouillis qu'il avait mangés plus tôt.

Fais un somme, sans méfiance.

Je n'arrivais plus à respirer.

Je suis là, aie confiance.

J'avais poussé un petit cri. Jérôme s'était reculé, surpris, et me toisa un moment. Puis, il me lança un sourire narquois et se tourna vers Annie.

- T'aurais aimé l'embrasser elle ?

J'avais essayé de répliquer, mais n'était parvenu qu'à bégayer une litanie d'onomatopées inintelligible. Jérôme était maintenant debout.

- Allez. Embrassez-vous.

J'étais incapable de bouger. Annie s'était approchée de moi, m'avait donné un baiser fugace, puis avait repris sa place sur le divan.

- Et puis, t'as aimé ça ? m'avait demandé Jérôme.

Le silence propice te berce.

Jérôme dégageait une énergie violente, animale.

- Parfait. Maintenant, je vais vous montrer une autre chose qu'on a faite durant la soirée.

Souris et sois complice.

- Enlevez vos vêtements.

Annie s'était tournée vers lui, les sourcils froncés.

- Pourquoi ?

- Parce que c'est ce que font les grands dans les soirées.

Laisse tes sens glisser.

Sans trop penser, j'avais retiré l'habit que ma grand-mère avait choisi pour moi, alors qu'Annie avait fait de même avec sa jolie robe blanche.

Vers tes délices tentatrices.

- Bien. Maintenant, touche Annie.

J'avais effleuré son épaule de mes doigts tremblants.

- Non, pas comme ça. Touche-la, vraiment.

Aie confiance, oui, crois en moi.

- Touche-la entre les jambes.

Même si c'était moi qui posais le geste, j'avais l'impression de le subir. J'avais laissé ma main à cet endroit sacré, sans la bouger, par peur de briser quelque chose.

Que je puisse veiller sur toi...

- À ton tour, Annie.

Sa main blanche, sa main de porcelaine, s'était exécutée. Je me sentais coupable. Coupable d'être moi. Coupable de ne pas être qui je devrais être devant Annie. Coupable de ne pas être en mesure de me défendre. Coupable d'obéir au chef de la meute. Coupable de me soumettre à un enfant.

Un enfant. Comme moi.

- Embrassez-vous encore.

Nos malaises vibraient à l'unisson. Annie avait collé ses lèvres contre ma joue.

- Plus bas.

Elle avait répété le geste, cette fois-ci contre mon épaule.

- Plus bas.

Alors qu'elle s'agenouillait sur la moquette, le bruit sourd des pas de nos parents au rez-de-chaussée nous avait tirés de notre transe. Jérôme nous avait lancé nos vêtements d'un geste paniqué.

- Les enfants ! Le souper est servi ! avait crié ma grand-mère du haut de l'escalier.

- Vous ne dites ça à personne, avait dit Jérôme en nous pointant du doigt. Personne. C'est compris?

Nous étions remontés.

Nous avions soupé.

Ils étaient partis.

Je ne les avais plus jamais revus.

Il en faut peu pour être heureux

Vers 22:00, j'allai aux toilettes, puis bu un verre d'eau. Le silence régnait dans l'appartement comme dans ma tête, pour une rare fois. Quand je revins à la chambre, je fus accueilli par une cascade de fétidités. La chambre empestait, les mouches s'amusaient.

Je déposai mes lèvres sur ton front, comme ma grand-mère le faisait pour voir si j'étais fiévreux. Ta peau était rigide et froide. Je posai le revers de ma main sur ta joue, inquiet, puis m'étendis à tes côtés. Le teint grisâtre et marbré, les lèvres pâles et craquelées, les yeux traversés de fines nervures rouges, tu ne semblais vraiment pas dans ton assiette. Je te caressai les cheveux avec tendresse et, sans penser, commençai à te fredonner la seule chanson qui parvenait à me réconforter.

Il en faut peu pour être heureux
Vraiment très peu pour être heureux
Il faut se satisfaire du nécessaire

Je continuai à chanter, dans un quasi-murmure, cet hymne de ma jeunesse.

Il en faut peu pour être heureux
Vraiment très peu pour être heureux
Chassez de votre esprit tous vos soucis
Prenez la vie du bon côté

J'effleurai ton épaule d'un baiser et partis à la recherche d'une solution pour chasser l'odeur dans laquelle baignait toujours la pièce. Tel un écureuil avec les glands d'automne, j'attrapai toutes les chandelles qui me tombaient sous la main pour les ramener dans mon nid. J'entrepris ensuite de les disposer çà et là, les allumai cérémonieusement une à une, puis contemplai mon œuvre. La chambre était nimbée d'ondoiements dorés qui dansaient sur les murs. Les mouches tournoyaient désormais autour des chandelles, faisant fi de leur proximité avec la mort. Je repris place à ses côtés, peinant encore à croire que la femme parfaite ait pu aboutir avec moi. J'eus la certitude, pendant un moment, que, dans un autre monde, mon père aurait pu être fier.

Tu te tournas vers moi d'un geste prompt. Tu avais chaud, ta voix était fiévreuse.

- Oui, je sais, c'est une fournaise dehors.

D'une moue dégoûtée, tu me montras ta peau suintante, m'expliquas que ça ne cessait de grouiller dans ton ventre. Je caressai ta tignasse rêche, grattai ton crâne humide.

- Attends moi, je vais voir ce que je peux faire.

J'emportai du salon deux ventilateurs pour les installer dans la chambre, un au pied du lit et l'autre juste à côté de ta tête. Quand j'appuyai sur le bouton, tes cheveux se mirent à virevolter de tous les côtés.

- Et comme ça, c'est mieux?

Même si les ventilateurs aidaient, tu étais toujours inconfortable.

- Pour être honnête, je suis un peu à court de solutions...

L'ongle de mon pouce coincé entre mes dents, je réfléchis un instant. Puis, l'épiphanie.

- Oh! Bouge pas, j'ai une idée!

Je courus vers la cuisine et ouvris le congélateur. Il n'y avait peut-être pas grand-chose à se mettre sous la dent, mais je croyais avoir trouvé une solution temporaire à ton problème: mes boîtes de jus congelés. Quand je te montrai fièrement ma trouvaille, tu me dévisageas d'un air dubitatif.

- Attends, regarde.

Je plaçai le paquet entre tes bras pour que tu puisses le serrer comme un enfant le ferait avec sa poupée.

- Et puis?

Tu poussas un gémissement satisfait. J'attrapai une boîte avant de m'étendre sur le lit.

- Pas fou, le gars, hein?

Tu me souris, heureuse, puis t'assoupis, bien cramponnée à tes précieuses boîtes de jus pendant que je repris ces airs de mon enfance.

Et tu verras que tout est résolu
Lorsque l'on se passe
Des choses superflues
Alors tu ne t'en fais plus
Il en faut vraiment peu, très peu, pour être heureux.

On resta au lit toute la soirée, toi avec ta peluche improvisée, moi avec ma barbotine de fortune, éclairés par la lueur des chandelles.

Il en faut vraiment peu, très peu, pour être heureux.

La boîte de patches

Quand je me réveillai à six heures tapantes, tu dormais toujours. Je m'allumai une cigarette. Malgré l'odeur du tabac, la chambre empestait encore. Trop de sexe et de mort. J'allai ouvrir la fenêtre, question d'aérer un peu.

Tu n'avais pas bonne mine.

- Hey... Comment te sens-tu ?

Pas très bien. Pas du tout, en fait.

- Fais-tu de la fièvre ?

Tu avais chaud, tu avais froid. Je déposai mes lèvres sur ton front. Pas de fièvre, malgré le halo humide qui s'était dessiné sur les draps durant la nuit. Peut-être que de l'aspirine t'aiderait?

Je te fis signe d'attendre et revins quelques secondes plus tard avec deux comprimés et un verre d'eau.

- Tiens, prends ça. Ça va te faire du bien.

Ma bonne intention ne fut accueillie que par un grognement renfrogné.

- Aller, fais-moi confiance.

Tu me jetas un regard borné puis détourna la tête. Je soupirai. J'allais devoir la forcer à prendre les comprimés, comme Adèle le faisait avec moi lorsque j'étais malade. Du moins, quand elle était là pour le faire.

La première fois qu'Adèle était revenue dans nos vies, c'était à son retour à Montréal après plus de deux ans sur les routes des États-

Unis. Ne sachant pas où aller, elle s'était tournée vers l'option la plus simple. Alors que mon père et moi revenions de l'épicerie un samedi après-midi, nous l'avions trouvé assise sur le trottoir devant la maison de ma grand-mère, entourée de ses maigres possessions. J'avais cinq ans, et c'était la première fois que je mettais un visage sur l'atroce crampe qui m'engourdissait le corps entier.

Elle voulait revenir. Elle nous voulait, lui et moi, pour que l'on forme la famille heureuse que nous aurions dû être dès le départ. Ces mots creux, Adèle les répéterait souvent. Mon père, lui, buvait ses paroles comme si elles sortaient de la bouche de la vierge Marie. Il n'arrivait tout simplement pas à lui dire non. Elle s'était donc installée avec nous chez ma grand-mère et, pour un moment, ses intentions avaient semblé sincères.

Elle aidait ma grand-mère à cuisiner, faisait les courses, lavait, pliait, rangeait. Bref, elle était devenue une mère modèle. Quand je faisais de la fièvre, elle prenait ma température. Elle me cajolait. Elle me donnait la bonne médication. Quand je lui disais que je détestais avaler des comprimés, que je voulais retourner aux médicaments à saveur de cerises, Adèle prenait les comprimés entre ses doigts fins et me les enfonçait dans le gosier. Elle me disait de lui faire confiance. Malgré mes gémissements, je me sentais en effet rapidement mieux. Je m'assoupissais finalement dans ses bras, rares moments d'accalmie dans notre relation tempétueuse.

Je te saisis la mâchoire. Ta tête maintenant immobile, je te poussai les pilules d'acétaminophène au fond de la gorge, jusqu'à ce que finalement tu les aies avalées.

Satisfait, je m'assis sur le lit en savourant la dernière orange qu'il me restait. Je t'en offris, mais tu refusas. Mes doigts effleurèrent tes mollets, mais tu restas de glace. Il fallait sortir l'artillerie lourde. La poussiéreuse boîte de patches qui traînait depuis un bon moment déjà dans le tiroir de ma table de chevet allait enfin servir à quelque chose. Tu geignis.

- Qu'est-ce qu'il y a?

Tu te retournas en croisant les bras.

- C'est ce que le médecin a prescrit, ça ne peut pas faire de mal.

Tu me toisas, la grimace aux lèvres, les yeux gris.

- Veux-tu qu'on en parle un peu?

Tu m'expliquas que tu ne voulais pas que les choses changent, que tu te trouvais parfaite telle que tu étais. C'était même ce que tout le monde pensait.

- Je comprends, mais dis-toi que peu importe ce qu'il se passe, tu pourras toujours arrêter si tu le veux. Adèle le faisait tout le temps.

En effet, la transition qu'Adèle entre ses deux vies était radicale, mais surtout, fluide. Pendant quelques mois, elle ne buvait plus, si ce n'est que quelques boissons maltées faibles en alcool pour les grandes occasions, et elle remplaçait la cigarette par une patche qu'elle arborait fièrement sur son biceps, symbole de son retour sur le droit chemin. Elle disait à qui voulait bien l'entendre qu'elle avait repris le contrôle de sa vie. Que désormais, sa famille était tout ce qui comptait. Bien sûr, avec Adèle, les mots s'échappaient en emportant avec eux le peu de convictions qu'elle avait. Elle repartait après peu de temps, comme elle l'avait fait par le passé, et comme elle le ferait encore souvent, le cœur léger, la tête remplie de nouveaux plans dont nous étions complètement absents. Il ne nous restait d'elle que ses boissons colorées et sa boîte de patches à moitié vidée.

- C'est parfaitement normal de te sentir comme tu te sens présentement. Mais dis-toi une chose : que si je fais ça, c'est pour toi. Pour nous.

Je m'étendis à tes côtés.

- Fais-moi confiance.

Tu opinas. Mon ongle acéré lacéra le ruban adhésif qui scellait la boîte. L'emballage de papier se défit facilement. Mais la patche, elle, ne voulait pas coller au biceps d'Ève. Le médecin m'avait pourtant assuré que la colle serait efficace. Malheureusement, tu avais tellement sué durant la nuit, ta peau tellement suintante, que le timbre ne faisait que glisser sur toi comme un enfant sur un toboggan aquatique. Je jetai la patche souillée aux poubelles et épongeai la zone ciblée avec mon chandail.

Prise deux. Cette fois-ci, la nouvelle patche finit par tenir en place. Maintenant, il ne restait qu'à attendre. Je souhaitai de tout cœur avoir trouvé la solution au problème, mais, au fond de moi, je savais que tôt ou tard, j'allais devoir faire face à la réalité et entreprendre des démarches encore plus drastiques. C'était inévitable. Je le sentais. Littéralement.

Après tout, un corps, ça ne disparait pas tout seul.

La routine

Je baillai, m'étirai, et puis, les paupières encore gommées, je commençai ma journée. Je lançai la machine à café (Folgers, torréfaction traditionnelle) avant de sauter dans la douche. Savonner

(Dove sans fragrance), raser (Gillette, 3 lames). En sortant de la douche, crémer (BioTherm, gel ultra-hydratant), peigner (L'Oréal Paris, crème capillaire), parfumer (Cartier, L'Envol). Une fois habillée, ma vulgaire chemise aux manches tronquées (H&M) me narguait dans le miroir. Je détestais la porter, mais la canicule m'y obligeait. Mon habit du lundi (Zara) se voyait confiné à ma garde-robe pour une deuxième semaine de suite. Enfin, j'allumai ma première cigarette (Belmont, régulières) de la journée.

Rien, absolument rien, n'égalait cette première cigarette. J'aimais attendre un peu pour mieux la savourer. Elle me réveillait doucement, m'étreignait les poumons de ses griffes fumeuses. Le picotement de la nicotine sur ma langue. La colonne de fumée envoûtante comme la valse d'un feu de camp. J'aimais tout de ces moments. Son goût épicé s'accordait à la perfection avec un café onctueux et la rumeur des voitures subtilement couverte par le grésillement du tabac qui brûle.

La sonnerie de mon téléphone me tira de mes pensées. Adèle, fidèle au rendez-vous. Elle m'appelait toujours le matin, en finissant son quart de travail à l'hôtel, et surtout le lundi, quand sa fin de semaine commençait. Mon téléphone s'époumona un moment, puis redevint muet. Je devais encore prendre mon temps.

Quand je t'embrassai, il émanait de toi des relents sulfureux me laissant avec un arrière-goût âcre. C'était ce qui arrivait à ceux qui se cloîtrent pour consommer leurs élans furieux. J'attrapai une vieille bouteille de parfum (Marc Jacobs, Perfect) qui traînait dans ma table de chevet et en vaporisai quelques jets au-dessus du lit. La nuée de gouttelettes se déposa lentement sur le drap. Malgré tout, les odeurs persistaient. Je dévissai donc le bouchon de la bouteille et versai directement le parfum sur toi. Satisfait, je pris le chemin du travail.

Comme à l'habitude, je fis l'aller-retour entre le rez-de-chaussée et mon étage, le journal (Journal de Montréal) de madame Gagnon à la main. La une ne rapportait rien d'intéressant : des automobilistes s'unissaient contre un nouveau règlement municipal imposé par la mairesse, l'achalandage touristique était à la baisse comparée aux années précédentes et un reportage identifiait les piscines publiques à visiter en ce temps chaud. Je déposai le journal au pied de la porte et pris le chemin du travail.

Montréal à cette heure matinale avait une aura d'avant-guerre. Les passants apparaissaient au compte-gouttes, alors que seulement trente minutes plus tard, ils émergeraient de tous les recoins de la ville comme des coquerelles. Je marchais, la cigarette aux lèvres, l'esprit dans le vent. À force d'emprunter tous les matins le même chemin, de boire le même café, de m'asseoir au même bureau, de saluer les mêmes gens, les jours se perdaient, se mêlaient, se confondaient. Les anecdotes ponctuaient les minutes monotones et les collègues perpétuaient leurs incessants monologues. Loin de moi l'intention de dénigrer cette routine : quand hier ressemblait à aujourd'hui, et qu'aujourd'hui serait le jumeau de demain, je me posais moins de questions et je dormais mieux.

Afin de donner une saveur différente à chaque journée, mes collègues de bureaux avaient eu la brillante idée de désigner une personne responsable de fournir le déjeuner.

Les lundis, Pauline, la réceptionniste, apportait des cupcakes qu'elle avait préparés elle-même la veille. Ils étaient toujours différents, et surtout, toujours délicieux. Pendant que je m'empiffrais, Pauline papotait. Elle adorait passer mes week-ends au peigne fin.

Les mardis, Raphaël tentait de nous impressionner avec des viennoiseries de fantaisie. Impossible pour lui d'arriver avec la même chose deux fois de suite. Une semaine, c'était des baklavas, la suivante, des scones, ou bien encore des cannelés, provenant toujours de petites boutiques dont personne d'autre que lui ne connaissait l'existence. Force était d'admettre qu'il avait du goût en matière de pâtisseries.

Les mercredis, Christophe, le stagiaire, arrivait avec des bagels frais achetés près de chez lui. À l'achat de six, la boulangerie près de chez lui en offrait deux supplémentaires. J'avais un faible pour les bagels aux sésames, dont je ne mangeais qu'une moitié, l'autre me servant de collation de fin de journée.

Les jeudis, c'était à mon tour. Je ramassais des muffins (Tim Hortons, boîte de six) à un coin de rue de la clinique. À défaut d'être aussi raffiné ou original que mes collègues, c'était simple, rapide, et surtout, peu dispendieux. Et puis, personne ne semblait s'en plaindre au bureau.

Quant aux vendredis, nous allions tous diner ensemble. Chaque semaine, une personne différente choisissait notre destination.

Ce lundi, Pauline avait été fidèle à ses habitudes. Elle nous avait préparé des cupcakes bananes-chocolat à faire mourir un diabétique. Alors que je savourais ma deuxième portion, elle me demanda comment j'allais, qui j'avais vu cette fin de semaine, où j'étais allé, si j'avais enfin rencontré quelqu'un. Elle tentait d'obtenir les moindres détails, mais elle se butait à mon laconisme. Cette fois-ci, ce n'était pas vraiment de ma faute : c'était assez difficile de raconter quoi que ce soit quand on avait la bouche pleine. Malgré tout, ça me faisait du bien de savoir qu'au moins une personne s'intéressait un peu à moi, même si ce n'était que pour quelques secondes. Elle commença donc à me raconter comment Gilles et elle étaient allés en bateau, comment elle avait attrapé un coup de soleil sur le nez, comment ils avaient bu des margaritas la veille pour terminer le week-end en beauté. J'en eu pour une bonne dizaine de minutes à l'écouter débiter sa litanie de détails anodins. Elle me parlait de ses emplettes, de ses parents, que ça n'avait pas de bon sens tous les travaux à travers de la ville, de tout et de rien. Je devrais l'écouter, c'était pour ça que les gens me vidaient leur sac, mais ses piaillements se transformaient aujourd'hui en bruits blancs. J'avais la bouche pleine de cupcake et la tête pleine d'Ève.

Alors que Christophe et Raphaël se chargeaient généralement de terminer le plateau de cupcake, ce dernier nous fit faux bond. Rien de surprenant ici : Raphaël nous avait tous habitués à des retards fréquents et à des absences occasionnelles. Mardi matin, toutefois, ce fut un Raphaël à l'heure, et surtout, sans viennoiseries qui se présenta au bureau.

Ça, c'était une première.

Des hypothèses qui pèsent

- Bon matin

Il déposa son café sur sa table de travail.

- Bon matin.

Il s'assit, l'air hagard.

- Ça va?

- Oui, grosse fin de semaine. J'avais quelque chose d'urgent à régler.

Christophe revint des toilettes et prit sa place face à moi.

- Hey Raph, t'as manqué les cupcakes de Pauline hier, ils étaient incroy-ables! Une chance que t'étais pas là, sinon j'en n'aurais pas eu.

Le cellulaire de Raphaël se mit à vibrer dans sa poche. Il le saisit et y jeta un bref coup d'œil avant de le ranger.

- Pas de viennoiserie aujourd'hui?, reprit Christophe.

Raphaël marmonna quelque chose en vidant les effets de son sac. Son ordinateur portable glissa de son étui et renversa son café. Christophe s'esclaffa.

- Définitivement, ce n'est pas ta semaine!

Raphaël lui lança un regard meurtrier et attrapa les essuie-touts que Pauline lui tendait. Puis, avec son incapacité coutumière à sentir quand venait le moment de se taire, Christophe enchaîna avec le prochain sujet.

- Vous deux, qui aimez tellement parler de ça, j'imagine que vous avez vu le cahier spécial de ce matin sur les disparitions?

Mon cœur se resserra dans ma poitrine. Le cahier spécial? Je l'aurais remarqué parmi les banalités du journal de Madame Gagnon. Est-ce qu'il y avait de nouveaux développements dans l'affaire?

- C'est dans The Gazette, continua Christophe. Tenez, je vous l'envoie. Je...

- Je l'ai déjà vu, le coupa Raphaël. D'ailleurs, t'es pas supposé de travailler? Il est déjà neuf heures et quart.

Christophe se ressaisit et se pencha sur son ordinateur. Pauline termina d'éponger le plancher et retourna prendre sa place à l'accueil. Raphaël se leva et remit son manteau.

- Est-ce que tu m'accompagnes? J'ai vraiment besoin d'un autre café.

Christophe me lança un regard perplexe, voulant dire, «Mais pourquoi toi tu peux y aller?». Je haussai les épaules et emboitai le pas à Raphaël, qui était déjà presque rendu à la sortie.

Le Tim Hortons n'était qu'à deux minutes de la clinique, donc pas le temps de fumer une cigarette. De toute façon, à bien y penser, je n'en avais pas vraiment envie, ce qui était une première pour moi. Ce devait être toi qui déteignais sur moi. Cependant, alors que je me congratulais, je peinais à suivre Raphaël. Il avançait d'un pas rapide, nerveux, sans dire un mot.

Le restaurant était presque vide. Raphaël se planta derrière le seul autre client en file et s'enferma dans son mutisme, sautillant d'un pied à l'autre. Son collet de chemise était retroussé. Sa barbe n'avait pas été rasée depuis plusieurs jours.

- Quoi?, me lança-t-il.

- Quoi, «quoi?»?

- Je sais pas, tu me dévisages depuis qu'on est arrivé.

- Ça fait drôle de pas t'entendre parler, c'est tout.

Il rit.

- Contrairement à ce que tu pourrais croire, ça me fait du bien de réfléchir, des fois.

À mon tour de sourire.

- J'ai beaucoup pensé aux disparitions, dit-il après quelques secondes de silence comblées par le tintamarre des fours et de la machine à café glacé.

- À cause du cahier spécial?

- Oui et non. Ça parlait des autres événements du genre qui sont arrivés dans les cinquante dernières années.

La vieille dame devant comptait les pièces de monnaie qu'elle grappillait dans son portefeuille.

- Il y avait aussi un expert, un ancien policier de la Sûreté du Québec, qui donnait son opinion.

- Quel genre d'opinion?

- Pour être honnête, un peu des banalités. Comme quoi les premières 48 heures sont les plus importantes, et qu'aujourd'hui, avec les nouvelles drogues, il y a de plus en plus de chance que ça arrive...

Je déglutis avec peine. C'était moi, ou il faisait chaud? Raphaël s'avança vers le comptoir et commanda un café, deux crèmes, deux sucres, ainsi que six muffins. Mon inconfort s'accroissait. Qu'allais-je acheter pour le bureau cette semaine? On se mit à l'écart de la caisse pour attendre la commande.

- Donc, reprit Raphaël, il y avait rien dans le journal qu'on ne savait pas déjà toi et moi.

Je respirais déjà mieux. La caissière, qui ne devait pas avoir plus que 17 ans, déposa une boîte et un verre en carton sur le comptoir avant de tourner les talons en vitesse.

- Ça fait que, je pensais à tout ça, et puis j'ai peut-être une autre théorie.

Ses premières gorgées de café semblaient l'avoir ragaillardi. Marchant toujours d'un pas décidé, il avait repris sa verve habituelle.

- Imagine une seconde. T'es une jeune femme de dix-huit ans et tu as envie de découvrir ce que la vie a à t'offrir. Aller, essaie d'imaginer, ajouta-t-il en me lançant un clin d'œil narquois. Tu sors avec tes amies et tu rencontres un homme plus vieux que toi, bourré d'argent, qui te plaît et qui te laisse miroiter qu'il pourrait te donner tout ce que tu désires si tu pars avec lui. Qu'est-ce que tu feras ? Il faudrait être folle pour pas accepter !

Raphaël n'en était pas à ses premières théories loufoques. Il affabulait des histoires de crime organisé, d'évadés d'institut psychiatrique, et avait même déjà plaisanté sur la possibilité d'une intervention paranormale.

Arrivés à la clinique, on patienta un moment pour laisser sortir un homme en béquilles avant d'entrer.

- Mouais... C'est un peu tiré par les cheveux, ton histoire. Après toi, dis-je en balayant la main.

- Hmm... non, non, vas-y. Je te le dis, j'y ai beaucoup pensé, et c'est la seule solution logique.

C'était le cas pour chacune de ses théories, mais je ne lui en tenais pas rigueur. Ses fabulations avaient le mérite d'être divertissantes. Il me tint la porte pour accéder aux escaliers qui menaient à notre étage.

- Penses-y, deux secondes. Elles n'ont laissé aucune trace derrière elles tout en s'évaporant d'un endroit public, elles doivent bien avoir quelque chose à voir là-dedans.

- Je dis pas que c'est impossible, mais ce serait quand même surprenant. Selon ce que la police dit, elles avaient pas le profil de fugueuses. Elles menaient des petites vies rangées chez leurs parents. Des vies on ne peut plus normales.

- Justement ! Tous les éléments sont là pour qu'elles veuillent vivre de nouvelles expériences. Moi je dis qu'elles voulaient s'envoyer en l'air avec un papi pour enfin goûter à la vie.

On s'assit à nos bureaux, pendant que Christophe gardait les yeux rivés sur son écran, question d'éviter le courroux de Raphaël.

- En tout cas, tu m'as pas convaincu, lui dis-je.

- Je sais que c'est pas l'histoire la plus vraisemblable, mais on a le droit de s'amuser un peu. Et puis, on a vraiment essayé d'imaginer tous les scénarios possibles. La police trouve rien, les médias non plus. Rendu-là, ça pourrait être du monde qu'on connait. De ce que j'en sais, ça pourrait même être toi!

Il s'esclaffa en rejetant la tête vers l'arrière. Pour ma part, j'avais arrêté de respirer. Je balbutiai quelque chose, me levai en me prenant le pied dans mon sac et galopai vers les toilettes. Assis dans ma cabine, le souffle court, j'entendais encore le rire gras de Raphaël résonner dans ma tête.

Ton nom

Quand j'ouvris les yeux, mon cadran indiquait 5:58. Encore deux longues minutes avant que mon cadran ne sonne. Je souris. Ce n'était pas grand-chose, mais ces petites victoires rendaient les matins plus doux.

Alors que j'entamais ma routine, j'étais encore un peu sous le choc.

Cigarette.

Raphaël se doutait-il de quelque chose?

Douche.

Ça ne semblait pas être le cas : suite à notre discussion, il avait repris le travail normalement, et le reste de la journée s'était déroulé sans embuche, sans soupçon.

Café.

Je me répétais que ce n'était probablement qu'une de ses mauvaises blagues.

Patche.

Mieux valait être prudent.

Journal.

J'avais trop à perdre.

Dehors, la chaleur semblait plus supportable ce matin, et le ciel était beau. Les nuages avaient disparu, l'humidité aussi, un peu, même si l'air sentait chaud.

À l'intersection de Saint-Antoine et Bonsecours, un vieil homme s'approche. Son chandail taché et sa barbe touffue sentaient la sueur même à quelques mètres de distance. Je le voyais souvent se faire ignorer par les automobilistes. Toutes ces personnes, perdues dans leurs pensées, crispées d'appréhension pour leurs réunions et leur paperasse, incapables de simplement regarder un autre être humain. Et aujourd'hui, j'étais l'un d'eux. J'avais un début de mal de tête, pas tout à fait là, mais que je pressentais comme on ressentait l'air changer avant la tempête. Le vieil homme se planta devant moi, fit glisser son pouce sur ses lèvres, et sa peau tannée d'intempéries craqua sous son sourire. Ce simple geste eu l'effet d'un électrochoc. Je me ressaisis, lui souris à mon tour et lui donnai une poignée de monnaie qui trainait au fond de mon portefeuille. Sans un mot, il hocha la tête et repartit comme il était arrivé : heureux.

Mon téléphone vibra dans ma poche. Peut-être que tu te sentais mieux. Peut-être que tu voulais me dire que tu m'aimais. Mais non. Je constatai avec déception qu'il s'agissait d'une notification d'un site de nouvelles. Je commençai à lire son contenu quand je m'arrêtai. Électrochoc à contresens. On y rapportait une nouvelle disparition. Mon rythme cardiaque s'accéléra.

« Dernière heure : Une troisième femme disparue ce mois-ci
2023-07-11 / Montréal

Pour la troisième fois ce mois-ci, la police annonce qu'une jeune femme est portée disparue. Marie-Andrée Grenier, 19 ans, a été vue pour la dernière fois vendredi soir, le 7 juillet, en compagnie de ses amies dans un bar de la rue Saint-Paul dans le Vieux-Montréal.

Le porte-parole du SPVM refuse de donner plus de détails en raison de l'enquête en cours, mais précise que quiconque détient des renseignements au sujet de la disparition peut appeler le 514-822-8677 ou se présenter directement à un poste de police. »

L'article donnait ensuite les détails que la journaliste avait réussi à glaner sur la victime auprès d'une amie et en scrutant ses réseaux sociaux. Étudiante au cégep Maisonneuve, première de classe, joueuse de soccer. Selon ton amie, vous rêviez de partir en voyage en Asie du Sud-Est. Bref, tu n'étais qu'une jeune femme banale, sans histoire, comme on en voyait tous les jours. Ta famille, trop ébranlée selon l'article, avait refusé de parler à la journaliste.

Dans l'article, on pouvait voir une photo de Marie-Andrée assise sur la banquette d'un restaurant, le bras d'une amie jeté par-dessus son épaule. Sans artifice, des cheveux brun-roux, des yeux bruns, des dents bien droites, probablement grâce aux bons soins d'un orthodontiste. Malgré tout, tu avais une bien meilleure mine que lorsque je t'avais quittée ce matin.

Je m'assieds sur le muret qui ceinturait la clinique, puis prit un moment pour terminer ma cigarette et relire l'article une deuxième fois. Marie-Andrée. Je n'aimais pas ce nom. Ève, c'était plus doux, plus court, plus élégant. Ça t'allait mieux, voilà tout.

Ma grand-mère adorait ce nom. Alors qu'elle n'avait que 6 ans, son père l'avait amenée voir une représentation de All About Eve au cinéma. Elle ne comprenait ni l'anglais ni les implications des nombreuses trahisons qui accablaient les personnages, mais ma grand-mère admirait déjà à l'époque la beauté d'Anne Baxter, qui tenait le rôle principal. Elle la préférait même à Marylin Monroe, l'égérie de sa génération, qui jouait l'ingénue.

Chaque Noël, nous le regardions en famille, ma grand-mère tricotant dans son fauteuil capitonné, moi blotti contre mon père.

- Regarde-la, me disait-elle en pointant le téléviseur avec ses aiguilles. Regarde comme elle est gracieuse. Si seulement toutes les femmes pouvaient avoir sa prestance. Sa prestance et sa détermination. C'est une femme qui sait ce qu'elle veut. On devrait toutes être comme elle.

Et puis, elle se tournait vers mon père pour le taquiner.

- Te souviens-tu comment tu la trouvais belle, Jean-François?

- T'es tout rouge! J'imagine que tu la trouves encore belle, disait-elle en me faisant un clin d'œil.

- C'est bon, M'man, grommelait mon père.

- Tu aurais dû voir ton père s'émerveiller à chaque fois qu'elle arrivait à l'écran, continuait-elle en revenant à moi. Il avait des étoiles dans les yeux. Oh, comme il la trouvait belle! Et je le comprends. Toutes les Ève deviennent belles un jour.

Même la mienne. Je repensai à toi, qui m'attendais sagement dans notre chambre, qui exsudait de beauté. Je me frottai la tempe avec la paume de ma main libre. Décidément, mon mal de tête persistait. Je retournai mon attention vers mon cellulaire pour tenter de le faire passer. Sur les réseaux sociaux, on parlait déjà du dernier enlèvement. Défilaient devant mes yeux une série de commentaires parlant d'amour, de peine, de nous. Je terminai ma cigarette en savourant la dernière bouffée, toujours obnubilé par mon écran, un goût de déjà-vu dans la bouche.

Bagel plein-goût

La pomme craqua. L'air sec conditionné sentait sucré. Pauline m'esquissa un sourire sincère, les dents pleines de chair blanche et de peau rouge.

Je la saluai et attrapai un bagel plein-goût. J'aurais bien pu en prendre un au sésame, comme à l'habitude, mais, je n'aurais su dire pourquoi, aujourd'hui, j'avais envie de changement. Et surtout, j'avais faim.

Autre surprise : Raphaël était déjà arrivé, concentré sur son écran. Le murmure des basses s'échappait de ses larges écouteurs, accompagnés des bribes d'un solo de guitare électrique. Je levai mon bagel en direction de Christophe en guise de remerciement, puis m'installai à ma place.

- T'as vu ?, dis-je à Raphaël.

Il ne broncha pas.

- Raph?

Silence.

- Hey!

Christophe et Pauline se tournèrent d'un coup vers moi. Jamais auparavant ils n'avaient entendu ma voix s'élever autant. J'étais moi-même interloqué. Un peu gêné, je fis signe à Raphaël, avec un peu plus de retenue cette fois-ci. Il sortit de sa transe, avec au visage l'air d'un somnambule qu'on viendrait de réveiller.

- T'as vu?, répétai-je. Encore une autre.

- Oui, je viens de voir ça passer, dit-il en retournant à ses chiffres. C'est impressionnant.

- Impressionnant? Qu'est-ce que tu veux dire?

Il ne répondit rien. Je me tournai vers Christophe, qui haussa les épaules. Je sortis mes effets de mon sac et ouvrit mon ordinateur. Ma migraine m'élançait.

Malheureusement pour moi, il n'y avait pas de plus grand vacarme que celui du silence. Les menthes qui s'entrechoquaient chaque fois que Christophe en saisissait une. Le claquement des talons hauts de Pauline contre la céramique lorsqu'elle allait à l'imprimante. Les raclements de gorge constants de Raphaël. Le bourdonnement incessant des ventilateurs de nos ordinateurs surchargés par nos programmes de gestion de données.

Vers onze heures, Raphaël retira ses écouteurs et vint s'asseoir sur mon bureau, froissant de ses fesses effrontées mes dossiers.

- T'as pas pris le bagel au sésame aujourd'hui? Je l'avais laissé spécialement pour toi.

- Je sais pas, j'avais envie de faire changement.

- Toi, changer? Est-ce que tu fais de la fièvre?

Il se mit à rire à gorge déployée, ses échos résonnant contre les murs beiges de la clinique. Christophe tenta de se joindre à lui, mais Raphaël l'ignora.

- Je peux en prendre?, dit-il en pointant mon bagel. J'ai encore faim, et tu le manges jamais au complet de toute façon.

- Hmm... Oui, oui, c'est correct. Tu peux le prendre.

Sans hésitation, il m'arracha la moitié que jamais avant je n'avais su que je voulais. Je regardai ses dents blanches, immaculées, que seule l'orthodontie avait pu rendre si droites, mastiquer avec peu d'élégance ce qui aurait dû être mien.

- Non, mais sérieusement, le gars est efficace, enchaîna-t-il la bouche pleine. Une troisième fille dans le dernier mois, et tout ça sans qu'on trouve une seule trace des deux premières.

- C'est comme de la magie!, s'écria Christophe.

- Hmm, fit Raphaël sans se retourner.

Christophe émit un petit rire nerveux. Puis, le silence, encore. Le ronronnement du climatiseur central. Le clappement des ongles de Pauline sur son clavier. La déglutition de Raphaël.

- Veux-tu savoir qui j'ai croisé hier au gym?

Il ne restait déjà plus rien du bagel, sinon quelques miettes sur mon bureau. Il s'essuya le coin de la bouche, puis se frotta les mains sur son pantalon.

- Je pense que ça va t'intéresser.

Le téléphone à la réception sonna. J'ai le crâne en feu, pensai-je, je n'ai pas envie de jouer aux devinettes. Crache le morceau!

- Qui?

Pauline décrocha le combiné et répondit avec son aplomb habituel. Raphaël se pencha vers moi.

- Une amie du secondaire. Une bonne amie que j'avais pas vue depuis longtemps.

Il me fixa un moment. Pauline bavassait, probablement avec un de nos fournisseurs réguliers.

- Ça faisait des années qu'on s'était pas croisés. Elle vient tout juste de commencer à s'entrainer à cet endroit-là, c'est offert par le travail.

Il redressa son derrière sur mon bureau, abîmant davantage mes documents.

- D'ailleurs, c'est ça qui est le plus intéressant. C'est une policière, elle travaille au poste 21. C'est le poste près d'où le dernier enlèvement a eu lieu.

Le battement de mon cœur qui résonnait dans mes tempes s'intensifia.

- Elle est pas sur le dossier, mais elle m'a dit que ses collègues qui l'étaient s'arrachaient les cheveux à cause du manque d'information.

- Ah oui?

- À ce stade-ci, ils ont toujours au moins une piste, quelque chose. Mais là, rien.

Je respirai un peu mieux. Je tentai de prendre une gorgée de ma bouteille d'eau, mais me rappelai que j'avais oublié de la remplir plus tôt. Je la tapotai dans le creux de ma main, comme un voyou le ferait avec une batte de baseball.

- Qu'est-ce qu'elle disait, sinon?

- On n'a pas eu beaucoup de temps, elle était entre deux exercices. Mais je vais prendre un verre avec elle ce soir, je vais lui poser plus de questions.

Autre silence. Un long, cette fois-ci. Pauline termina sa conversation. L'ascenseur dans le couloir annonça qu'il était prêt à descendre. Tout mon corps semblait être rendu dans ma tête, la pression, immense. Je ne voyais plus clair. Je me massai les tempes. Je devais aller fumer.

Je fonçai vers la sortie.

Quand je revins de ma pause cigarette, je trouvai Raphaël penché par-dessus l'épaule de Christophe. Ce dernier me fit signe de les rejoindre.

- On a une question.

- Tu as une question, précisa Raphaël.

- OK, si tu le dis. Je vois qu'on n'a utilisé aucune des cartouches d'encre qu'on a achetées pour l'imprimante le mois dernier. Numéro de commande 100372. Dans quel compte déjà que je dois les enregistrer?

Numéro 100372, numéro 100372... Ah oui, c'était bien moi qui avais traité la transaction.

- C'est dans le 6064. Et oublie pas de créditer le 512, parce que...

Raphaël se redressa promptement et m'interrompit.

- Le 6064 et le 512? Mais non, c'est le 60225 et le 401.

Mais de quoi se mêlait-il? Je préférai cependant ne rien dire. Le silence s'installa, le malaise aussi. Christophe se gratta la nuque, le regard sur son écran pour éviter de croiser les nôtres.

- En fait, dit-il enfin, je demandais ça plus pour valider, pour être certain de ne pas faire d'erreur.

Il me regarda.

- C'était une commande normale, payée immédiatement, c'est bien ça?

J'opinai, puis me tournai vers Raphaël, toujours coi. Il se leva d'un trait, effarouché.

- Comment vouliez-vous que je sache ça, grommela-t-il.

Il remit ses écouteurs, l'air renfrogné. Je repris ma place, la routine aussi. Pour le reste de la journée, je me réfugiai dans mes chiffres, cet océan où la marée est toujours plus calme, le son du heavy metal couvrant les grognements de mon estomac insatisfait et de mon cœur dans ma tête.

Dépression

L'humidité qui s'accumulait depuis plusieurs jours se déversait dans les rues et tambourinait contre la fenêtre de ma chambre. Selon ce que la dame de la météo disait hier à la radio, une dépression venant du sud-ouest allait balayer la grande région de Montréal. Je ne comprenais pas exactement ce que ça voulait dire, mais elle affirmait qu'on aurait droit à tout un déluge aujourd'hui.

Les ruisseaux éphémères se faisaient la course dans les rues crevassées de mon quartier. Ma cigarette entre l'index et le majeur, le coude dans la paume, je grattais de mon auriculaire la démangeaison sur ma joue. Depuis quelques jours, c'était le corps entier qui me démangeait. Depuis toujours, en fait.

Dans le lit, tu m'attendais. J'écrasai mon mégot dans le cendrier avant de faire de même avec mon corps contre le tien, ton corps complètement détrempé. Le lit aussi l'était, d'ailleurs, malgré le fait que j'avais changé les draps la veille. Tu avais les yeux mi-clos, l'air béat. Les patches devaient déjà faire effet car, malgré ton piteux état, ton moral ne semblait pas affecté. Bien que rigide au départ, tu commenças à me caresser langoureusement après quelques minutes, me donna un baiser dans le cou, puis un deuxième, et un troisième. Ta main glissa de mon torse vers mon pubis, mais subtilement, ou pas, je la repoussai.

Mais qu'est-ce qui clochait avec moi ? Alors que, les jours précédents, j'avais la libido d'un jeune adolescent, la simple idée de te toucher me révulsait. Tu m'apparaissais fade, sans saveur, à la limite du répugnant. Ton corps froid et moite toujours collé contre le mien, je savais que tu ressentais mon malaise. Je tentai de réprimer ces sensations au plus profond de moi-même, mais rien à faire. Tu me jetas un regard courroucé et me tournas le dos. Je me sentais déjà mieux.

On n'entendit plus que le jazz de pluie pendant de longues minutes. Je me raclai la gorge, me grattai le bras.

- C'est quoi ? Tu ne m'aimes plus ?

Le son de ta voix me déconcerta presque autant que la violence de tes mots.

- T'as même pas besoin de me le dire, je le sais. Je le sens. Tu te fous de moi.

Stupéfait face à ces accusations sans fondement, ma bouche s'engourdit et les mots fondirent sur ma langue.

- Voilà, et en plus tu m'ignores. C'est toujours comme ça. Je le savais que ça finirait comme ça.

Tes mots m'atteignaient comme les balles d'un AK47, touchant la cible à chaque fois que tu tirais la gâchette. Et les balles continuaient de fuser.

- Si tu n'es pas bien avec moi, tu n'as qu'à me laisser.

Mes tripes se resserrèrent, s'avalèrent elles-mêmes. Je ne savais plus où regarder, sinon que dans tes pupilles laiteuses.

- Tu dis rien? Tu vas juste me regarder, comme ça, sans rien faire?

Je baissai le regard en saisissant une cigarette. Ton ton haussa d'un échelon.

- Ah, bien sûr, c'est le temps de fumer! On dirait que c'est tout ce que tu sais faire.

La roulette du briquet glissait sous mon pouce imbibé de sueur. Je le secouai puis recommençai, mais il ne continua qu'à émettre de tristes étincelles.

Toi, tu t'enflammas.

- Tu dis que ta routine te sert à regarder le contrôle, mais est-ce que tu t'es regardé récemment? Tu as la peau sur les os, ton appartement est dans un état lamentable et tu mens à tout le monde autour de toi. Tu dis que tu as un plan, que je dois être patiente, que c'est pour mon bien, mais je pense qu'on sait tous les deux que t'as absolument aucune idée de ce que tu fais.

J'aurais aimé te dire que je faisais tout ça pour nous protéger parce que le monde était laid, et qu'enfermée dans ta bulle, dans ta petite vie parfaite, tu n'étais pas prête à y faire face.

- Qu'est-ce qui te fait dire que je ne suis pas prête?, répliquas-tu, comme si tu lisais dans mes pensées. T'es tu vraiment intéressé à moi, au-delà de tes fabulations? Est-ce que tu t'es déjà demandé ce que toi, tu pensais de moi, au lieu de constamment te préoccuper de l'opinion des autres? Tu vis dans un monde parallèle, et c'est malsain.

Je savais très bien que la situation ne pouvait durer. Je sentais qu'on me scrutait en permanence, chaque interaction se transformait en accusation. Je ne dormais presque plus, ma tête était encore sur le point d'exploser, et j'avais l'impression qu'une colonie de fourmis me dévorait la peau. Tu le savais, je le savais. Mais pourquoi me le reprocher ce matin? Je tournoyai la cigarette entre mes doigts, tapotais frénétiquement le briquet contre ma cuisse.

- Ça fait une semaine que je suis clouée au lit! Je ne peux pas sortir, je ne peux pas bouger, je ne peux même plus vivre. Tu veux tout contrôler, et ça commence à me rendre folle!

La cigarette cassa entre mes doigts, les flocons de tabac flottèrent jusqu'au sol comme une neige de novembre. Mes mains tremblaient. La dépression du sud-ouest me frappa de plein fouet. Je dégoulinais de peine.

Voyant l'étendue des dégâts, tu te ressaisis et tentas de ramasser les pots cassés.

- J'ai parlé trop vite, je ne pense pas ce que j'ai dit... C'est juste que...

Tu cherchais tes mots, moi je ravalais les miens.

- Tu t'en fais trop avec tout, ça t'empêche de vivre. Moi aussi, au fond, je ne veux que tu sois toi-même, mais à force de tout vouloir contrôler, on dirait que j'ai affaire à quelqu'un qui joue à être toi. Je ne sais pas si tu comprends.

Dehors, le ciel dégueulait sa rage. Un éclair lézarda le ciel, prestement suivi du grondement du tonnerre. Mon ongle s'acharnait sur mon poignet. J'étais possédé. Gratter, gratter, gratter, jusqu'à ce que le sang macule ma peau.

Tu soupiras.

- J'aimerais qu'il y ait plus d'imprévus, que je n'aie pas à rester confinée. J'aimerais ça, un peu plus de... de piquant, de spontanéité. C'est ça. J'aimerais que tu sois plus spontané, c'est tout ce que je demande.

Mes idées s'envolaient. Les mots s'enfuyaient. Il ne restait que mon ongle et le sang, gratter, encore gratter, pour peut-être oublier. Je sortis du lit et commençai à m'habiller sans dire mot.

- Toujours rien ? Après tout ce que je viens de te dire, tu gardes le silence?

Je relevai la tête, te toisai une seconde et quittai la chambre sans ajouter quoi que ce soit. Je préparai mes effets et claquai la porte.

Je marchais d'un pas rapide, frustré, les yeux rivés sur le trottoir. La tempête semblait s'être calmée un peu. Les gouttelettes étaient plus fines, l'air, déjà plus frais. Mais, après quelques minutes, l'orage reprit de plus belle et le ciel s'abattit sur la ville. Les passants tentaient de gagner la course contre la pluie pour trouver un abri, mais c'était peine perdue. Je me résignai à marcher sous les torrents sans accélérer le pas. J'avais besoin de penser, de ruminer notre dispute.

Sans parapluie, mes vêtements me collaient à la peau et mes souliers clapotaient à chaque pas. Malgré tout, la pluie tiède contre ma peau m'apaisait un peu. J'arrivai au Tim Hortons imbibé comme une vieille éponge lourde d'eau de vaisselle, mais l'esprit un peu plus en paix.

Appel avec mon père II

La file d'attente s'étendait jusqu'à la rue. L'humidité s'engouffrait par la porte entrouverte et transformait le restaurant bondé en four à convection. Je mijotai quelques minutes dans le vestibule vitré alors qu'une marre se formait sous moi. Derrière le comptoir, une bande d'adolescents s'activaient, avec peu d'efficacité si on se fiait à la vingtaine de personnes qui attendait, l'air renfrogné, leurs beignes et leurs cafés. J'en profitai donc pour passer un appel.

- J'étais en train de me dire que tu avais oublié ton vieux père.

- Je ne t'ai pas oublié, j'étais juste occupé. D'ailleurs, t'aurais pu m'appeler aussi, tu sais.

Il rit. J'entendais les échos d'une série policière dont mon père raffolait à l'autre bout du combiné.

- J'espère que tu as pris l'autobus ce matin? Avec la pluie qu'on a eue...

- Non, j'ai marché.

- Il pleuvait tellement fort que ça m'a réveillé. T'avais ton parapluie, au moins?

J'aurais bien pu lui mentir, question de m'éviter une semonce, mais je n'en avais même pas l'énergie. La file se raccourcit d'un client.

- Non, je l'ai oublié à la maison.

- Voyons, tu dois être plus à ton affaire! C'est des plans pour attraper le rhume. Pourquoi t'es pas remonté le chercher quand tu as vu qu'il pleuvait des cordes?

Je repensai à toi, à l'appartement qui empestait, aux méchancetés tirées à bout portant. Non, j'avais bien fait de ne pas y retourner.

- Je vais faire plus attention la prochaine fois.

On se tut un instant. J'avais froid. Mes vêtements mouillés me collaient à la peau. Dans le téléviseur de mon père, les policiers, pris en souricière, se faisaient maintenant tirer dessus par un groupe terroriste. Une famille tentait de commander à la seule caisse ouverte pendant qu'un homme s'impatientait et haranguait la jeune caissière, dépassée, ou peut-être tout simplement blasée. Mon père se racla la gorge.

- Comme ça, tu es occupé ces temps-ci? C'est bon, ça. À ton âge, j'avais deux emplois, et je trouvais le moyen de sortir!

- Je sais Papa, tu me le dis tout le temps. C'est vrai que tu commences à être vieux, tu répètes toujours les mêmes histoires.

On apporta enfin la commande à l'enragé, qui quitta en bourrasque, grommelant une litanie de jurons. Dehors, il pleuvait toujours aussi fort.

- Je pense à ça, tu m'as toujours pas parlé de ton nouvel ami... Rémi, c'est ça?

- C'est Raphaël, et c'est un collègue de travail.

J'étais désormais le premier en file.

- Et puis, tu le vois souvent?

Un jeune homme aux allures de gamin s'installa derrière la deuxième caisse et leva la main.

- Deux secondes, Papa, je suis à la caisse.

Je regardai le menu. Malgré l'abondance de choix, je savais ce que je devais prendre : une boîte de six muffins assortis, rien de plus, rien de moins. C'était la routine, après tout. Les propos d'Ève me trottaient toutefois toujours dans la tête. Je lorgnai les beignes derrière la vitrine, tous plus colorés les uns que les autres, les viennoiseries nappées de beurre et de sucre. Était-ce vraiment ça, la spontanéité? Passer d'une pâtisserie à une autre? Probablement pas. Je commandai donc la boîte de muffin, puis reprit mon appel.

- Désolé pour ça. Donc, pour demain soir, c'est quoi le plan?

- Justement, Manon me demandait ce que tu voulais manger. Elle doit aller faire l'épicerie ce soir.

- La salade qu'elle avait faite la dernière fois était bonne.

- Avec les olives noires?

- Exact. Elle pourrait faire ça.

- Et comme viande, tu veux manger quoi?

- Ça ne me dérange pas. Vous pouvez choisir.

- Non, dis-moi ce que tu veux. La dernière fois, Manon a travaillé toute la journée sur ses côtes levées et tu ne les as même pas touchés.

- Comme si ça te dérangeait de ne pas avoir de restant, dis-je en ricanant.

- Tu sais que ce n'est pas ça le point. C'est pas très respectueux envers Manon. Elle fait beaucoup d'efforts, tu devrais en faire aussi.

- Oui, Papa, je sais.

- Merci. Donc, je répète ma question : qu'est-ce que tu veux manger comme viande?

- Je n'aime pas la viande, tu le sais.

- Il faut que tu manges plus de protéines, je t'ai trouvé maigre la dernière fois que je t'ai vu.

- C'est le genre de commentaire qu'Adèle ferait.

Il prit une longue pause. Le générique jouait à la télé, entrecoupé de scènes à venir dans le prochain épisode. Le caissier m'apporta ma boîte.

- Tu comprends pourquoi je te dis ça, reprit mon père. C'est pour ton bien.

- Hmm, hmm...

Pause.

- Alors, pour demain?

- J'imagine que je vais devoir goûter aux côtes levées de Manon un jour, non?

- Elle va être contente d'entendre ça. Je dois te laisser, on se voit demain.

- À demain.

Je raccrochai et inspectai le contenu de ma boîte. Plutôt qu'un ensemble varié, on n'y trouvait que cinq muffins aux bleuets et un aux carottes. Je tentai de retourner à la caisse, mais un groupe de personnes s'était rué dans le restaurant pour se protéger des intempéries. À l'extérieur, la tempête faisait rage. Le vent balayait le trottoir, soulevant la pluie à peine tombée. La file s'étendait à nouveau jusqu'à la porte d'entrée, et je pouvais voir la panique dans les yeux du jeune caissier. Il valait mieux aller directement au travail, j'étais déjà en retard.

Je relevai le capuchon de mon imperméable et commençai à marcher, la tête baissée. J'aurais dû apporter mon parapluie.

Spontanéité

J'arrivai à la clinique comme un vieux chat de ruelle : dégoulinant de pluie, boueux, sale. Le carton de la boîte de muffins s'effritait dans mes mains. Je n'osai même pas regarder son contenu et la jetai dans la poubelle à l'entrée de la clinique.

À l'autre bout du couloir, Raphaël parlait au téléphone en faisant des allées retours frénétiques près de la cage d'escalier. Son humeur saturait la clinique, il avait des airs de panique, il murmurait tellement fort que j'entendais ses sifflements agressifs d'où j'étais. Il s'arrêta soudain, se pinça l'arête du nez, soupira. Ne voulant pas le déranger, je tentai de le contourner pour accéder à la porte. Je devais monter les marches. C'était la routine, après tout. Quand il me vit, il figea sur place. L'air béat, il couvrit le microphone de son téléphone et s'éloigna avec empressement.

Qu'avais-je vu dans son regard, était-ce la peur? Pour la première fois, Raphaël avait-il démontré autre chose que des excès d'égotisme?

Pauline m'accueillit, ses lunettes perchées sur le bout de son nez comme un plongeur au bout du tremplin.

- Bon matin! Pas de muffins ce matin?
- J'ai eu un peu de malchance.

J'écartai les bras pour lui montrer mes vêtements mouillés. Elle rit.

- Tu as passé une belle soirée?
- Oui, oui... Est-ce que Raphaël est monté, ce matin?

Elle fit tourner sa chaise et attrapa un document dans le fax.

- Non, pourquoi?
- Je viens de le croiser, et on aurait dit que quelque chose de grave venait d'arriver.

Elle apposa sa signature au bas de la page et retourna au fax. Ce dernier s'activa dans une série tonitruante de grincement et de gémissement que seule une machine aussi anachronique pouvait le faire.

- Tu dis ça, je trouve aussi qu'il n'a pas l'air dans son assiette, cette semaine. Juste hier soir, tu venais tout juste de partir, son téléphone a sonné. Tu me connais, je me mêle de mes affaires, mais j'ai quand même entendu...

Elle interrompit son élan d'un coup sec. Derrière moi, Raphaël venait d'entrer, son nuage noir le suivant de près. Ses yeux se posèrent sur moi, un bref instant, mais il continua sur son chemin. Pauline le salua, sans réponse, et il fila directement jusqu'à son bureau. Il planta ses écouteurs sur ses oreilles et ne bougea pas de là, même pas pour aller diner.

Je traversai aussi la journée difficilement, mijotant dans mes cogitations. Tes remontrances résonnaient dans ma tête tels un acouphène, leur bourdonnement persistant couvrant la trame sonore du bureau, les clics des claviers, les clacs des talons, même les regards à la dérobée que me lançait Raphaël de son poste de travail. Non, mais, c'était quoi son problème aujourd'hui ? Je m'occuperais de ça plus tard. Je devais penser.

À mon grand désarroi, j'arrivai à la fin de la journée sans solution. Il fallait croire que tu avais raison. Ma routine avait pris le dessus, j'étais incapable de sortir des sentiers battus. J'étais une minifourgonnette alors que tu voulais une Ferrari. Pas besoin d'une formation en mécanique pour comprendre qu'il aurait été beaucoup plus simple d'acheter le bon véhicule dès le départ que d'essayer de transformer le mauvais. Abattu, je finalisai le rapport que je devais remettre plus tôt cet après-midi tandis que mes collègues quittaient vers la maison. Du coin de l'œil, j'aperçus Raphaël s'arrêter dans le cadre de porte, comme pour m'attendre, mais il suivit Pauline et Christophe, qui piaillaient de tout et de rien.

Seul avec ma vacuité créative, je rangeai mes effets dans mon sac qui, pour tourner le couteau dans la plaie, était toujours humide. Frustré, je sortis du bureau et traversai le couloir principal de la clinique. Quelques personnes aux visages longs, résidus excédentaires de la salle d'attente, étaient assises sur des chaises en plastique. Tout juste avant la porte de sortie, quelque chose attira mon attention. Un fauteuil roulant, vide, seul. Il était là, inoffensif, à attendre de pouvoir jouer son rôle. Peut-être que... Je jetai un regard par-dessus mon épaule. Tous vaquaient à leurs occupations ou étaient trop absorbés par leurs maux pour remarquer quoi que ce soit. D'un seul geste, je saisis les poignées du fauteuil roulant et traversai la sortie à la hâte. Je sentais l'adrénaline me monter à la tête, l'enivrement des crimes banals.

Le soleil commençait à se pointer le bout du nez, habillant les rues mouillées de boutons de lumière. L'humidité, quant à elle, reprenait du poil de la bête. J'eus le front perlé de sueur après quelques pas à peine. Je déambulai dans les rues avec mon fauteuil roulant et mon patient fantôme, comme un évadé de l'asile. Les gens me jetaient des regards étonnés. Mais que faisait cet illuminé ? se demandaient-ils probablement tous. Je n'en avais moi-même pas la moindre idée. J'imaginai que c'était ça, la spontanéité. Le bonheur inopiné. Faire les choses parce que, voilà tout.

Je gravis les escaliers de mon bloc, le fauteuil roulant dans les bras, les épaules en feu et aperçu du bout du couloir la tête frisée de

Madame Gagnon qui dépassait de l'embrasure de sa porte.
- Qu'est-ce que tu fais avec ça, toi ? me balança-t-elle en pointant le fauteuil avec son menton velu.
- Oh, rien de spécial, je me suis dit que j'avais besoin d'un siège de plus dans mon appartement.

Je m'assis, comme pour en faire la démonstration, avec un air que je voulais charmeur collé au visage. Elle me regarda, le regard vilain, pendant si longtemps que je la crus momifiée sur place. Le couloir semblait soudainement plus étroit.
- Vous savez, si je reçois des amis...
- Un fauteuil roulant pour recevoir des amis, tu parles d'une idée! Mais c'est pas pour ça que je veux te parler.

Elle referma sa porte et se retourna de peine et de misère.
- Ton appartement empeste jusque chez moi. Je ne sais pas ce que tu trames là-dedans, mais ça sent le diable!

J'essuyais mes mains moites sur mes cuisses.
- Eum... je, je m'excuse, Madame Gagnon.
- C'est déjà assez que ça sent le vieux ici, pas besoin que ça sente la mort aussi!

Bien que les deux ne sont pas si loin, pensai-je.
- Alors, qu'est-ce que tu vas faire?
- Je, je...

J'avais chaud, la bouche sèche. Se doutait-elle de ta présence? Elle m'examina pendant que je tentais de formuler une phrase, puis, finalement, secoua la tête en signe de découragement.
- Un fauteuil roulant...

Elle claque la porte derrière elle et retourna à ses téléromans. J'étais encore sous le choc, mais à bien y penser, ça aurait pu être pire. Bien pire.

Je laissai le fauteuil roulant dans le salon et entre dans la chambre. Tu étais à ta place, comme toujours. Il se dégageait de toi un étrange mélange de bouleversement et de fièvre. Pas la meilleure combinaison pour les réconciliations. Je couchai ma tête sur ta hanche, flattai ton mollet, apposai sur ta cuisse un baiser qui me laissa sur les lèvres le goût du coton de ta robe. Tu te tournas vers moi, l'œil mélancolique.

- Je sais..., dis-je. Je m'excuse pour ce matin. Tu as raison, je ne devrais pas me réfugier dans ma routine. Je devrais simplement être moi, comme j'ai toujours voulu l'être.

Je reposai ma tête sur ta cuisse, là où mon premier baiser avait laissé sa marque. Tes doigts traversaient mes cheveux, m'absolvant par le fait même de tous mes péchés. Je me blottis contre nous, et m'assoupis doucement.

Comme Bonnie et Clyde

Je me réveillai au beau milieu de la nuit. Je n'avais pas bougé, toi non plus, tes doigts toujours dans mes cheveux. Je sautai du lit pour aller me chercher un verre d'eau. Je pris ma place habituelle sur le comptoir, faisant craquer sous mes fesses les miettes de pain sèches. À travers la fenêtre, les lumières de la ville s'échappaient dans le ciel sombre. Je m'amusai à discerner les silhouettes dans la noirceur. Les pattes de la table et des chaises s'étiraient comme les celles des araignées que je voyais souvent dans le sous-sol de ma grand-mère. Les fauteuils s'avachissaient dans le coin de l'appartement. Le ventilateur continuait de tourner, tourner, cliquetis à l'appui. Je m'arrêtai sur une forme inconnue qui trônait en plein milieu du salon. Je plissai les yeux. Le fauteuil roulant trainait toujours, tel un clown à un enterrement : là pour aider, mais définitivement pas à la bonne place. Un peu comme moi, dans le fond.

Excité de t'offrir mon cadeau, je me précipitai pour empoigner le fauteuil et entrer dans la chambre, triomphant.

- Qu'est-ce que c'est ? me demandas-tu, intriguée.
- Eh bien, tu m'as dit d'être plus spontané.

J'ouvris les bras.

- Eh bien, voilà !

Tu fronças les sourcils.

- Je ne comprends pas.
- Puisque tu dis que de rester cloué au lit te rend folle, j'ai pensé qu'un peu d'air frais te ferait le plus grand bien.
- Tu veux sortir arrangé comme ça? Je n'aime pas ça... Imagine si quelqu'un nous voyait.
- Justement, c'est le moment parfait. À cette heure-ci, on ne se fera pas déranger.
- Mouais...
- Fais-moi confiance. Ce sera notre escapade amoureuse, comme, comme... Comme Bonnie et Clyde !
- Tu as regardé trop de films.

Je ne te répondis qu'avec mes yeux les plus implorants, en pointant le fauteuil avec insistance. Face à ma moue, tu abdiquas en roulant les yeux. Satisfait, je t'installai confortablement dans ton nouveau bolide. Avant de sortir, je glissai ma tête par la porte pour m'assurer que personne ne nous voit. La voie était libre. Rendu au sommet des escaliers, tu tentas de te lever.

- Je peux descendre, je ne suis quand même pas mourante.

- Non, reste assise, lui chuchotai-je. Fais-moi confiance, j'ai de l'expérience.

Tu obéis et agrippas les appuie-bras, te préparant à une descente mouvementée. Pumf. Pumf. Les deux premières marches ne posèrent pas trop de problèmes. Avec une précision chirurgicale, je faisais rouler les grosses roues du fauteuil sur chacune d'elles, lentement, sûrement. Pumf. Pumf. Tout était sous contrôle. Tu semblais même apprécier la descente. Tu te laissais enfin aller, les bras ballotant de chaque côté des appuie-bras. Je peinais à contenir mon rire. Pumf. Pumf. Je devais faire attention, je commençais à perdre ma concentration. On y était presque, il ne restait plus que quelques marches. PUMF. PUMF. Oups, les deux dernières marches avaient été un échec total. C'était le temps de foncer.

Je déguerpis jusqu'à la porte arrière du bâtiment pendant que tu gloussais de rire.

- Comme c'est excitant !

La ruelle nous accueillit avec ses miasmes habituels : vidanges, urine, compost. Mais ici, au moins, ça sentait la vie. Nous traversions la nuit en évitant les grandes artères. Il ne fallait pas oublier, nous étions Bonnie et Clyde.

Une voiture. Virage à droite. Une vieille dame qui promenait son chien. Vite, derrière la benne à ordure. Personne sur la rue Saint-Laurent. Je décampai. Tu prenais goût au jeu, t'esclaffait, les cheveux dans le vent chaud de juillet. Pour la première fois depuis trop longtemps, je bombai le torse, sans gêne, enfin, fier de mon coup.

Nos zigzags furtifs nous menèrent jusque sur les pavés en pierres du Vieux-Montréal. Sur ton trône, tu basculais, batifolais, culbutais alors que les roues du fauteuil roulant gambadaient sur les pierres inégales du pavé.

Quand je tournai sur la rue Bonsecours, une personne, debout dans la noirceur, m'empêcha de continuer mon chemin. Elle se tenait là, immobile, une ombre dans l'ombre. Les aboiements d'un chien résonnaient au loin. Les échos d'un troupeau de jeunes, probablement ivres, se dirigeaient vers nous. La silhouette ne bougeait pas, et nous non plus.

Le tapage continuait de progresser. Nous devions bouger. Si plus d'une personne devait nous voir… Je fis un pas vers l'arrière, et l'ombre bougea. Lentement, vacillant. Le vieil homme que j'avais vu la veille, l'homme au sourire, émergea des ténèbres, les cheveux hirsutes, le pantalon souillé. Il marcha vers nous, puis s'arrêta à tes pieds. Il te regarda, impassible, puis se tourna vers moi. J'étais tétanisé, bouche bée, incapable de parler. Dans ses yeux, je voyais la sagesse des gens qui ont vécu. Je voyais une vie d'espoirs déçus. Mais surtout, surtout, je ne voyais ni peur ni haine. Il fit glisser son pouce sur ses lèvres, comme il le faisait toujours, esquissa un sourire édenté, puis continua son chemin. Pour la première fois, quelqu'un nous voyait tels que nous étions.

Le chahut des fêtards me tira de ma torpeur. Je pris mes jambes à mon cou, pour finalement aboutir au quai de l'Horloge. J'arrêtai le fauteuil roulant au sommet des marches et m'assis à tes côtés. Les vaguelettes argentées dansaient à la surface du fleuve Saint-Laurent.

Observer l'eau qui coulait avait quelque chose d'envoutant, comme si on nous tirait vers l'ailleurs, vers quelque part où les choses étaient mieux. Au loin, le pont Jacques-Cartier, illuminé d'un bleu royal, laissait sa marque colorée sur le fleuve. Accompagnés par la mélodie du clapotement de l'eau, nous contemplions la lune, qui nous fixait aussi avec insistance. Elle était belle ce soir, presque pleine. Comme toi. Vous vous échangiez vos beautés comme les grandes puissances échangeaient leurs secrets de guerre. J'aurais aimé savoir ce que vous vous disiez. Peut-être qu'un jour, on m'inviterait aussi à la table des gens beaux.

Je bâillai. Il était presque quatre heures. Si je partais maintenant, je pourrais dormir une, peut-être deux heures avant d'amorcer ma journée. Je décidai de profiter un peu encore du chant du fleuve. C'était ce moment de la journée où l'aube commençait à avaler les lumières de la ville. J'avais toujours préféré les levés aux couchés de soleil. Ils avaient une légèreté apaisante. C'était comme si le ciel inspirait, remplissait ses poumons, pour se préparer à traverser la journée. Les oiseaux se mirent à chanter. Il fallait partir avant que la ville ne s'éveille. J'empoignai le fauteuil roulant et me mis à courir, mué par une énergie enfantine. Je courais à plein régime, tes cheveux balayant mon visage. Rien ne pouvait nous atteindre, pas même les voitures qui ronronnaient, les chiens qui aboyaient ou les sirènes qui piaillaient.

On arriva à la maison sans croiser qui que ce soit. Étendu dans le lit, je caressais tes cheveux, tes joues, tes seins. Chaque seconde goutait l'éternité, et ce même si on était déjà demain.

Je me réveillai en sursaut. Mon cadran hurlait, la chambre avait des airs de sauna. Combien de temps avais-je dormi? Trente, peut-être quarante minutes? J'étirai mes muscles lourds de fatigue. Mes démangeaisons prenaient de l'ampleur, fourmillaient désormais sur mon corps tout entier. Mon mal de tête, toujours présent. Mais j'étais heureux, et c'était tout ce qui comptait. Je profitai de la matinée pour enfiler les cigarettes, étendu sur le lit, à dessiner des symboles inconnus au fond de ta paume avec le bout de mes doigts. Quand finalement je partis pour le travail, ce fut sans café, sans douche, sans journal.

À la clinique, trop las pour gravir les escaliers, je décidai de prendre l'ascenseur. Dans le miroir, quelqu'un qui me ressemblait me dévisageait. Il avait la même taille que moi, le même poids, la même couleur de cheveux, mais quelque chose clochait. De profonds cernes sous les yeux, le corps décharné, et un bouton sur le menton. Ça faisait des années que je n'avais pas fait d'acné.

L'avant-midi fut plutôt silencieux, même le téléphone ne sonna pas. Vers midi moins cinq, toute l'équipe se réunit à l'entrée de la clinique pour prendre la direction du petit restaurant de shawarma du coin, le choix de Pauline, toute l'équipe sauf Raphaël, qui nous faisait probablement faux bond pour aller rejoindre sa nouvelle amie. Une fois nos sandwichs en main, Christophe proposa d'aller manger au parc, où nous nous sommes assis sur un banc à l'ombre d'un érable, en bordure de la Place Jacques-Cartier. On mangea en se racontant des banalités, accompagné par un chansonnier qui amusait les touristes avec les plus grands succès d'Oasis.

Sur le chemin du retour, Christophe et Pauline se racontaient leur plan pour la fin de semaine, pendant que je fumais en silence. Ils entrèrent dans la clinique, me laissant seul avec ma cigarette. Quand je m'assis sur la bordure du trottoir, un reflet sur le pavé craquelé attira mon attention. Je m'accroupis et observai ce petit galet sombre, d'une rondeur déconcertante, que je laissai choir au creux de ma paume. Après seulement quelques heures passées sous le soleil de juillet, la chaleur de la pierre créait un picotement sur la peau de ma main. Il y avait dans la morsure du galet quelque chose de réconfortant. Une larme coula sur ma joue, puis une autre. Je pleurais ? Mais pourquoi donc ? Les gouttes tombaient sur le galet, sur le trottoir, sans que je puisse les retenir, juste en acceptant qu'elles étaient là. Doucement, je passai mon doigt sur la surface du galet, polie par les intempéries, puis le laissai glisser au fond de ma poche.

Raphaël arriva derrière moi, me tira de mes pensées. Je m'empressai d'essuyer mes joues du revers de ma main.

- Mon Dieu, je t'ai rarement autant vu perdu dans tes pensées.

Il semblait de bonne humeur. Presque trop, même. Je reniflai, me ressaisit.

- Hmm... Je n'ai pas beaucoup dormi cette nuit.

- T'es sûr que ça va ? Pourquoi t'as pas dormi ?

Il me regardait avec une intensité que je lui connaissais peu.

- Ah, rien de spécial. C'est juste que j'ai de la difficulté à dormir quand il fait aussi chaud.

Je tirai un trait de ma cigarette.

- Et puis, c'était comment ton diner avec ton amie?

- Mon amie?

Il gratta nerveusement la barbe naissante, rêche, sur sa joue.

- La policière.
- Ah non, ça, c'était hier. C'était bien.

Il se racla la gorge.

- Je pourrais te conter tout ça en allant prendre un verre? J'ai vraiment pas le goût de retourner travailler quand il fait soleil comme ça.

J'hésitai une seconde. Même si un daïquiri me ferait assurément le plus grand bien, je décidai quand même de retourner à mes chiffres.

- Il faudrait remonter.
- Laisse-toi aller un peu! On a eu une grosse semaine.
- On pourrait retourner au même bar que vendredi dernier, ça te dit?
- J'ai beaucoup de travail à terminer avant la fin de semaine. Et puis, je vais souper chez mon père.
- Bon, d'accord, d'accord, répond-il, agité. Par contre, un verre plus tard ce soir, ce serait possible?
- Hmm... Je dis pas non. Mais pour le moment, je vais retourner au bureau.

Je jetai ma cigarette dans le cendrier, puis me tournai vers Raphaël.

- Tu viens?

Il leva les yeux de son cellulaire.

- Non, c'est correct. Moi aussi j'ai des choses à terminer.

Il tourna les talons et partis en direction opposée d'un pas pressé.

Presque trop, même.

Chez mon père

Je tentai de me replonger dans mes chiffres, mais le cœur n'y était pas. Et puis, la fatigue commençait à peser. J'allai me chercher un café, me frottai les yeux, m'étirai un peu. Après quelques minutes, obstiné face à mon écran, mon cerveau décida de collaborer. Enfin.

Lorsque je relevai la tête, il ne restait plus personne au bureau. Je n'avais même pas remarqué le départ de Christophe et Pauline. Je rangeai mes choses dans mon sac et pris la direction de chez mon père. La marche me ferait du bien. Après un après-midi à avoir le dos courbé et les yeux trop près d'un écran d'ordinateur à scruter des symboles enchevêtrés, j'avais le corps en compote.

J'arrivai au condo de mon père en quelques minutes seulement, suant néanmoins. Il s'agissait en fait du condo de Manon, acheté à l'aide d'un large héritage, dans un des nouveaux développements du Vieux-Montréal, ces tours austères qui «revitalisaient» le quartier. Mon père avait emménagé chez elle à la fin du printemps, laissant derrière lui le vieil appartement dans lequel il habitait depuis près de dix ans. Je saluai la personne sans-abris assise sur le trottoir brûlant, au pas de la porte, puis entrai à l'aide de ma clé dans un couloir de marbre et de verre menant jusqu'à l'ascenseur.

Dans l'entrée chez mon père, les photos me dévisageaient. Beaucoup de paysages, de portraits de voyage, de sourires. Des photos de la famille de Manon, et des photos de la mienne. L'une d'entre elles était plus ancienne. On pouvait tous nous voir, mon père, moi, ma grand-mère, les voisins, attablés, tous heureux. Même la petite fille à la robe blanche. J'eus un pincement au cœur.

La voix de mon père résonna depuis la cuisine :

- Allo?

- C'est moi.

Il apparut au bout du couloir, puis vint me rejoindre.

- Je savais que j'avais entendu quelqu'un rentrer. Tu t'es enfin décidé à venir voir ton vieux père?

Je le serrai dans mes bras.

- C'est vrai qu'il faut bien que j'en profite. À ton âge, il ne t'en reste plus pour longtemps. C'est moi, ou t'as plus de cheveux gris que la dernière fois que je t'ai vu?

Son rire remplit la pièce, ce rire si réconfortant.

- Tu sauras que les cheveux gris, c'est très à la mode aujourd'hui. Hey, c'est quoi ça?

Ses yeux s'étaient arrêtés sur mon avant-bras, où les marques de mes démangeaisons étaient de plus en plus apparentes.

- Ah, c'est rien. Juste un peu d'eczéma.

- T'es allé voir le médecin, j'espère?

- Oui, oui, je vais appeler, inquiète-toi pas.

- Je suis sérieux, il faut pas laisser ça traîner.

- Oui, oui, Papa.

Il fronça les sourcils, puis me fit signe de le suivre.

- Viens, on va aller rejoindre les autres.

Comme j'aurais voulu être seul avec lui pour enfin pouvoir lui parler de nous! Lui parler librement, lui montrer ce qu'il avait toujours voulu pour moi.

Les murs vitrés de la salle à manger nous offraient une vue à couper le souffle sur la ville, sur son mont ceinturé d'arbres et de gratte-ciels. Debout à l'îlot de la cuisine, Manon préparait le souper. Un jeune homme, inconnu, sirotait sa bière à la table.

- C'est à la mode, les cheveux gris, hein, Manon?

- Autant à la mode que tes vieux chandails de groupes punk des années 80!

Manon me fit un clin d'œil.

- Bon, encore les deux contre moi...

Il rit, moi aussi, puis déposa ses mains sur le dossier de la chaise du jeune homme.

- Avais-tu déjà rencontré William?

- Mon grand bébé!, dit Manon.

L'eau chantait dans l'évier pendant qu'elle nettoyait les légumes. Le jeune homme se tortilla sur sa chaise. Je lui fis un petit signe de la main.

- Enchanté.

Il leva sa bière.

- Enchanté.

Mon père lui donna une tape franche sur l'épaule.

- William étudie en criminologie. Un bon petit gars vaillant. Brillant en plus.

William fixait sa bouteille de bière, en grattait l'étiquette. Mon père ouvrit la porte du cellier.

- Qu'est-ce que tu veux boire, chérie, pour souper?

Manon s'arrêta un instant, pensive.

- Un Barolo?

- On a bu un Italien plus tôt cette semaine. Hmm... Qu'est-ce que tu dirais du Zinfandel qu'on a acheté l'an passé à Napa?

- Tu m'avais pas dit que tu voulais le garder pour une occasion spéciale?

- On a de la grande visite, c'est pas assez spécial pour toi, ma chérie?

À son tour de me faire un clin d'œil. Je lui souris. William continuait de gratter sa bière en silence. Je saisis le journal qui traînait sur la table, un de ces rares journaux de style tabloïde encore publié en format papier, puis le montrai à mon père.

- Tu lis encore ça? Je pensais que tu avais résilié ton abonnement.

Manon regarda mon père, les mains pleines d'eau.

- Mon chéri, peux-tu m'apporter une serviette, s'il te plaît?

Mon père s'exécuta sur-le-champ, puis entreprit d'ouvrir la bouteille de vin. Je continuai de feuilleter le journal, alternant les photos sensationnalistes et les chroniques incendiaires.

- Tu ris, mais ils ont de bons textes. Je sais que tu l'aimes pas, mais celui de Thibodeau de ce matin était intéressant.

- Hmm... De quoi ça parlait?

- Il racontait la fois qu'il est passé devant un camp de réfugiés, plus tôt la semaine dernière.

La lame du limonadier glissa sur le papier métallique du goulot de la bouteille.

- Hmm, hmm...

- C'est triste, ce qu'ils vivent ces gens-là, je nie pas ça.

Le bouchon de liège couinait à chaque rotation de la mèche torsadée.

- Même si c'est seulement temporaire, c'est inhumain d'habiter dans des tentes comme ça. Mais Thibodeau faisait remarquer, et j'ai vu la même chose en allant au bureau l'autre jour, qu'ils ont tous des téléphones cellulaires! Et pas des vieux modèles, non, des téléphones intelligents.

- Hmm...

La bouteille exhala un «pop» sourd quand mon père tira le bouchon.

- Imagine, ces gens-là traversent la planète entière, ils ont rien au monde, à part peut-être leur tente, mais ils ont un appareil à mille dollars!

Le vin gargouilla, drapant les courbes de la coupe de sa robe translucide. Mon père porta la coupe à son nez, prit une grande inspiration.

- Chérie, ça sent la Californie!

Je tapai dans mes mains, un coup sec.

- Bon! Il n'y a pas quelque chose à couper?

Manon arriva de la cuisine, essoufflée.

- Oui, beaucoup! Mon chéri, si on veut souper avant demain, il va falloir s'activer. Es-tu allé voir les côtes levées récemment?

- Non, j'y vais tout de suite.

Il se leva d'un trait, lui donna un bec sur la joue, et sortit par la porte-patio.

- William, peux-tu aller l'aider s'il te plaît? Il risque d'avoir besoin de mains pour transporter le souper.

Manon se tourna vers moi.

- Il me reste à préparer la salade grecque, tu veux m'aider? J'ai l'impression que ça fait une éternité qu'on a discuté, toi et moi.

Elle passa son bras par-dessus mon épaule et me guida vers la cuisine. Dehors, William et mon père riaient de plein cœur alors qu'une faible fumée s'échappait du barbecue. Je saisis le couteau et commençai à couper.

La table

La baguette de pain craquait sous chacun de mes coups de couteau frénétiques. Manon chantonnait d'une voix guillerette, mais surtout, puissante et juste.

Me voyant à court de pain, elle me tendit des légumes à couper. Elle me sourit, ce à quoi je répondis en plantant mon couteau en plein cœur d'une tomate. Après quelques minutes, Manon brisa le silence.

- J'avais hâte de te parler, de voir comment tu allais.

- Je vais bien.

La canne d'olives noires émit un grincement métallique lorsque Manon en tira la goupille. Elle continua de m'interroger en vidant l'eau noirâtre dans l'évier.

- Et le travail?

- Hmm... Rien de spécial.

Je lançai les cubes de tomates dans un bol.

- Ton père me dit que tu t'es fait un nouvel ami?

- Un collègue de travail, oui.

- Mais vous êtes allés prendre un verre, non?

- Oui, vendredi dernier.

- C'est bon, ça!

Je m'attaquai à la deuxième tomate. Manon tentait de choisir son plus beau citron dans le bol de fruit trônant au centre de l'îlot.

- Je me souviens comme j'étais seule quand je suis arrivée à Montréal pour l'université. C'est important de sortir un peu, de rencontrer du nouveau monde. Tu fais bien.

Elle saisit un concombre dans le réfrigérateur, moi l'occasion pour changer de sujet.

- Tu es venue à Montréal pour étudier en musique, c'est bien ça?
- En chant lyrique, oui.
- Mon père m'a dit qu'il ne t'a presque jamais entendu chanter.
- Ah, tu sais, j'ai arrêté ma carrière bien avant qu'on se rencontre, lui et moi. Et puis, le chant lyrique, c'est pas juste chanter ce qu'on entend à la radio. Juste pour une performance, je devais réchauffer ma voix pendant une vingtaine de minutes, sinon je risquais de me blesser.
- Mais tu n'as jamais pensé t'y remettre?
- J'ai fait une croix là-dessus il y a longtemps! Et puis, un petit karaoké une fois de temps en temps, ça me suffit amplement.

Une fois le fromage fêta coupé, elle commença la vinaigrette.

- Si tu as terminé avec les légumes, pourrais-tu mettre la table s'il te plaît? Tout est déjà sur l'îlot, il ne reste qu'à les sortir.

Pendant que Manon achevait les préparatifs, je m'exécutai. Me voyant les bras encombrés d'assiettes et d'ustensiles, William accourut pour ouvrir la porte-patio.

- Après vous, dit-il à la façon d'un majordome.

Je l'esquivai et me dirigeai vers la table. Une fourchette glissa et tomba au sol. William bondit comme une gazelle.

- C'est bon, je m'en occupe.

J'aurais eu envie de lui dire que j'étais capable de ramasser une foutue fourchette sans qu'on tente de jouer au héros. Je pris plutôt une grande respiration et me contentai d'un sourire forcé. Je saisis la fourchette dans sa main tendue, l'essuyai à l'aide de mon chandail, puis je retournai à ma tâche. Il resta planté à côté de moi, bêtement, pendant que je disposais les napperons sur la table. Je plaçai les assiettes bien au centre, avec les ustensiles perpendiculaires au rebord de la table. Quelque chose clochait. Je donnai un petit coup du bout de l'index sur le manche d'un couteau rebelle, repliai une serviette de table pour former un triangle isocèle et tirai sur un napperon pour qu'il soit aligné avec les autres. Voilà. Tout devait avoir l'air parfait. Comme Adèle me l'avait appris.

Elle n'était revenue que pour quelques périodes prolongées durant mon enfance. Sa dernière, c'était suite à une expérience psychédélique dans le désert du Nevada. L'œil humide, elle nous avait expliqué, avec une transparence inappropriée pour une histoire racontée à un enfant de neuf ans, avoir compris beaucoup de choses dans le désert. Sur elle, sur nous, sur la vie. Elle nous revenait transformée. Cette fois-ci, c'était pour de bon, promettait-elle. Cette nuit-là, j'avais bien dormi pour la première fois de ma jeune vie. J'aurais enfin une mère. À cet âge, on avale vraiment n'importe quoi.

Adèle croyait qu'en projetant l'image de la famille idéale, ne serait-ce qu'en façade, elle parviendrait à s'absoudre de nous avoir abandonné. C'est pourquoi la maison se transformait en champs de bataille chaque fois que nous recevions quelqu'un à souper. Le désordre toléré au quotidien devenait inacceptable. Nous devions tout nettoyer, tout désinfecter. En ces jours de préparatifs, la tension dans la maison était palpable. Si mon père avait le malheur de faire quelque chose ne contribuant pas directement à l'esthétique de la soirée, Adèle explosait. Au diable les travaux non apparents sur la maison, comme l'ampoule brûlée dans la salle de lavage ou le désherbage dans le jardin, et pas question que l'on s'adonne à notre traditionnelle séance de jeu du samedi après-midi. Non, il fallait se concentrer sur ce qui importait vraiment : l'opinion de nos invités.

Mes tâches restaient simples. Je devais ranger ma chambre, revêtir les habits qu'Adèle avait méticuleusement choisis pour moi, et mettre la table. Rien n'était laissé au hasard, et nos convives semblaient l'apprécier. Les «Wow!» et les «Mon Dieu, avoir su qu'on serait reçu comme ça, j'aurais mis autre chose» fusaient lorsqu'ils voyaient la présentation impeccable de la maison. Pour Adèle, ces compliments étaient une consécration. Enfin, elle prouvait qu'on pouvait compter sur elle.

L'idylle fut de courte durée. C'était seul avec mon père que j'avais soufflé les chandelles du gâteau de mon dixième anniversaire.

William m'observait du coin de l'œil replacer pour la énième fois les ustensiles.

- Je crois que les fourchettes sont assez droites, dit mon père en déposant une assiette de viandes fumantes au centre de la table. On prend une photo avant de souper ?

On se retourna, tous un sourire factice aux lèvres, vers le téléphone cellulaire de mon père, qu'il tenait au bout de son bras tendu, puis prit nos places respectives. Je contemplai une dernière fois mon travail, résigné à ne pas atteindre la perfection.

La loi normale

Je ne savais pas pourquoi, mais j'avais une telle rage de viande que j'avalai ma première côte levée avant même que les autres n'aient touché leur fourchette. À quand remontait mon dernier vrai repas? Je n'aurais su dire.

Je sentis l'index de mon père se planter entre mes omoplates.

- Tiens-toi le dos droit, un peu, me dit-il. On dirait que tu vas te coucher sur la table.

Chaque fois qu'il faisait ça, j'avais envie de me replier encore plus. Comme si, quand je bombais le torse, je m'exposais à nu. Mon père prit sa place au bout de la table, mine de rien.

- William et moi, on parlait de ses études, reprit-il. Vraiment intéressant.

J'avais la bouche pleine, les doigts couverts de sauce. Je m'adressai à William.

- En crimino, c'est ça?

Mon père continua, comme si le principal intéressé n'était pas assis juste à côté de lui.

- Exact, il vient de terminer son bacc, il commence la maîtrise à l'automne prochain.

J'échangeai un regard avec William, qui écarquilla les yeux, comme s'il essayait de me dire : «Non, mais, on va devoir endurer ça toute la soirée?». Je lui souris.

Mon père nous resservit du vin, puis déposa sa main sur l'épaule de William.

- En tout cas, j'ai hâte qu'on s'inspire de toi pour des séries télé.

William se gratta la nuque.

- En s'entend, le travail d'un criminologue, c'est beaucoup moins glamour qu'à la télé, mais ça reste que j'apprends plein de choses intéressantes.

Je trempai mon morceau de pain dans la sauce au fond de mon assiette.

- Comme quoi?

Il réfléchit un moment.

- Hmm... Tiens, prends l'exemple d'Alphonse Bertillon, celui qui a inventé le mug shot moderne à la fin des années 1800. Il prenait une dizaine de mesures du corps des criminels, comme la distance du coude jusqu'au bout des doigts, la longueur des pieds, la largeur de la tête, etc. Ça permettait de dresser un portrait des criminels, voir ce qui les différenciait, et même si c'était pas parfait, ça a été le standard de la police pendant des décennies. Et ça fonctionnait assez bien. Par exemple, avant même que l'analyse des empreintes digitales soit inventée, la police française a utilisé les méthodes de Bertillon au procès de Joseph Vacher.

- Joseph Vacher?

- C'est un peu le «Jack l'éventreur» de la France. Il est devenu vagabond après s'être évadé d'un asile, et il tuait et violait des gens un peu partout où il passait.

- Willy, on mange!

- Oui, désolé, M'man... Vacher s'est finalement fait arrêter, et il a avoué une partie de ses crimes, mais la police se doutait déjà que c'était lui le coupable grâce aux méthodes de Bertillon. On s'entend, aujourd'hui, on a des méthodes beaucoup plus fiables, comme les tests d'ADN, mais je trouve qu'il y a quelque chose de... comment dire... quelque chose de poétique dans ce que Bertillon a découvert.

- De poétique?

- On apprend depuis qu'on est tout petit qu'il y a des corps normaux et des corps anormaux, mais selon moi, la découverte fondamentale de Bertillon, c'est que la norme n'existe pas. Il y a une moyenne pour les tailles de pieds, de tour de taille, de mâchoires, ainsi de suite, mais la personne «moyenne», la personne «normale», ça n'existe tout simplement pas.

On échangea un regard encore une fois. Il me sourit.

- Il est tellement intelligent, mon fils!

- Ah, Maman!

Manon et mon père s'esclaffèrent, puis mon père se leva pour aller chercher davantage de lingettes humides. Il ne restait plus que le son des barbecues des voisins qui s'activaient, crépitants, saturant l'air de gras et de viande, et des convives qui picolaient. À cette hauteur, le vacarme de la rue se transformait en bruit blanc. Manon se resservit de la salade, William terminait sa première portion de côtes levées.

- T'as toujours voulu aller en criminologie?, demandai-je.

William s'essuya le coin de la bouche.

- Hmm... Oui et non...

Il prit un moment pour avaler sa bouchée.

- J'ai toujours aimé les histoires sordides, les films de détective, toutes ces choses-là, donc je savais que je terminais probablement dans ce domaine-là.

Manon intervint.

- En fait, son rêve d'enfant, c'était de devenir un joueur de hockey professionnel.

- Comme presque tous les enfants, rétorqua-t-il en ricanant.

- Peut-être, mais ce n'était pas tout le monde qui avait ton talent.

Mon père revint à la table, les mains pleines de petites pochettes blanches. Manon se tourna vers moi.

- Tu aurais dû le voir, il était tellement bon! Il était toujours le meilleur joueur sur la glace, même dans le Junior Majeur.

- J'ai pas trop envie de parler de ça, M'man...

- C'est juste la vérité, Willy. Si ça n'avait pas été du coup salaud que t'as reçu, je suis certaine que tu aurais joué chez les professionnels.

- Je sais, M'man, mais t'as pas à raconter ça chaque fois que t'en as la chance.

- Une mère a le droit d'être fière de son fils!

William s'affaissa dans sa chaise, me lança un regard suppliant pour que je lui vienne en aide, mais les mots me manquaient. Mon père décida de se mêler de la partie.

- J'aurais vraiment aimé te voir jouer. Ta mère en parle tellement souvent.

William grogna. Manon, elle, poursuivit sur sa lancée.

- En tout cas, j'ai trouvé ça difficile quand t'as arrêté de jouer. J'aimais tellement ça aller te voir jouer. Je suis certaine que tu pourrais encore jouer aujourd'hui.

- Hmm, hmm...

Un long silence suivit. William poussait mollement les concombres dans son assiette, pensif. Manon se gratta la nuque, replaça nerveusement ses boucles d'oreilles, se leva pour aller chercher quelque chose à l'intérieur. Mon père beurrait un morceau de pain. Moi, je savourais ce malaise, ce malaise interminable, parce que je trouvais réconfortante l'idée que toutes les familles étaient imparfaites.

Manon revint avec une cruche d'eau. Mon père se racla la gorge.
- Vous deux qui aimez les enquêtes policières, dit-il en s'adressant à William et moi, avez-vous vu ce qui se passe avec les enlèvements ?

D'un coup, l'énergie à la table changea.

Disparitions II

Manon fit le tour de la table, cruche en main.
- C'est assez fou de penser que ça se passe ici !, dit-elle. Ça fait peur.
- Inquiète-toi pas, M'man, je pense que le gars les aime plus jeunes.

Mon père et William rirent en chœur. Manon remplit mon verre d'eau, puis posa sa main sur mon épaule.
- De nos jours, il faut faire attention, c'est tout ce que je veux dire.
- Encore un détraqué, renchérit mon père. Il y en a partout de nos jours.

Il remplit le verre de William.
- Et toi, l'expert, t'en penses quoi?, lui demanda-t-il.
- Merci de penser que je suis un expert, JF, mais même si j'en étais un, ce serait assez difficile à dire qui est derrière les enlèvements. J'ai pas accès aux scènes de crime, aux preuves qu'ils ont trouvées, aux entrevues avec les témoins, etc.
- On est pas dans un de tes examens, on parle pour parler. Qu'est-ce que tu penses qui s'est passé?
- Hmm... Je commencerais avec les informations qu'on a déjà. Par exemple, on sait qui s'est fait enlever, et où c'est arrivé.

Mon père lui donna encore une vigoureuse tape dans le dos.
- Bon, tu vois, c'était pas si difficile!

- Disons qu'on se concentre sur où les enlèvements ont eu lieu. Tous les enlèvements ont eu lieu dans des bars. C'était des bars que je fréquentais dans ma première année de bac, où la clientèle est plus jeune. Les chances sont que le gars responsable des enlèvements est pas trop vieux non plus, sinon on l'aurait remarqué tout de suite. Même que 30 ans, c'est vieux pour ce genre d'endroit là. Je suppose donc que le gars a moins de 25 ans.

Mon père et Manon étaient sur le bout de leur chaise, buvaient chaque parole de William. Je devais avouer qu'il m'impressionnait aussi. Je levai ma coupe vide en direction de mon père. J'avais besoin de vin.

- Ensuite, les trois bars sont tous situés dans le centre-ville ou dans le Vieux-Port. Le gars doit donc habiter pas trop loin.

Quand mon père prit la bouteille pour me servir, elle était vide. Il me fit signe d'attendre, puis se tourna vers William. Je commençai à plier le coin de mon napperon, impatient, nerveux.

- Pourquoi il habiterait pas loin?

- Penses-y, JF. Il faut bien qu'il amène les filles quelque part, non? Il a besoin d'un endroit près des bars. On s'entend qu'il ne peut pas agir en public, on parle de deux des quartiers les plus actifs de la ville. Mon hypothèse, c'est qu'il vit dans un de ces deux quartiers-là, probablement dans le Vieux-Port.

- Et pourquoi le Vieux-Port?

Plier, déplier, plier, déplier.

- Parce que c'est en bas de la côte. C'est logique : si tu dois déplacer quelqu'un contre son gré, c'est beaucoup plus facile de descendre que de monter.

Une ligne blanche commençait à se former là où je repliais le napperon à répétition. Mon père m'agrippa l'avant-bras, serra mollement.

- Peux-tu arrêter ça, s'il te plaît? T'es en train d'abîmer les beaux napperons à Manon.

Il reprit sa place, coudes sur la table, menton dans la paume.

- Et puis, Sherlock, t'as d'autres hypothèses?
- Pas tant, non. Mais la chose qui m'intrigue le plus, c'est que les trois filles étaient avec leurs amies. Je ne comprends pas trop comment le gars s'y est pris.
- Moi, ça me surprend pas trop, lança mon père.
- Qu'est-ce que tu veux dire?, demanda Manon.
- Je sais que ce n'est pas de leur faute, mais quand tu regardes les filles qui sortent dans les bars aujourd'hui, ce n'est pas surprenant que des choses comme ça arrivent. Prends l'autre soir, Manon, quand on est allé souper, tu te souviens comment elles étaient habillées ? J'avais jamais vu des jupes courtes comme ça. On s'entend, personne mérite ce qui est arrivé, mais il faut aussi qu'elles s'aident.

William sursauta, me jeta un regard à la dérobée. Manon baissa les yeux. Personne ne voulait se mouiller, s'engager dans ce champ de mines. Je recommençai à plier le napperon. Mon corps entier me démangeait. J'aurais voulu être ailleurs.

William se racla la gorge.

- En tout cas, j'ai hâte de savoir qui est responsable de tout ça...

Je décidai de lancer de l'huile sur le feu. J'avais besoin de provoquer, de brouiller les cartes.

- Raphaël a une amie dans la police, et apparemment que les

enquêteurs pensent que c'est une fille.

- Qu'est-ce que tu veux dire? Que ce serait une femme qui serait derrière les enlèvements?

J'opinai.

- C'est ton nouvel ami qui t'as dit ça?

- Mon collègue.

- Il ne te dit ça que pour t'impressionner. Juste la semaine passée, je lisais qu'ils recherchaient un homme.

- Et pourquoi ça ne se pourrait pas?

- Je dois avouer que, même moi, je trouve l'idée étrange, intervint William. Je ne vois pas pourquoi ton ami mentirait, mais c'est vraiment... Disons simplement que ce ne serait pas normal.

- C'était pas toi qui disais que la norme, ça n'existait pas?

Il bégaya.

- Non, mais... Tu sais ce que je voulais dire... C'est un crime atypique, tu comprends?

Je le dévisageai.

- Concrètement, rétorquai-je, qu'est-ce que ça peut bien faire, que ce soit un gars ou une fille?

- C'est pas que c'est important, c'est juste que ça se peut pas. C'est contre nature, voilà tout.

La rage m'aveuglait, et le pauvre napperon en subissait les conséquences. Mon père m'attrapa le bras encore, cette fois-ci avec plus de force.

- Je t'ai dit d'arrêter.

- Arrête de me dire quoi faire!

J'avais crié.

Pour la première fois de ma vie, j'avais crié contre mon père.

- Pourquoi tu te fâches? On fait juste parler.

- Oui, c'est ça, on fait juste parler.

Ma voix tremblait.

- En ce moment, t'es comme les chroniqueurs que tu lis dans le journal, incapable de faire de décrocher d'un idéal qui existe plus, ou pire, qui a jamais existé. Il faut que tu acceptes que les choses changent, que les gens changent. William jouera jamais au hockey chez les pros, Manon sera jamais chanteuse, et Adèle et toi, vous...

Je m'arrêtai de parler. J'avais franchi la limite. Mon père, rouge comme une tomate. Manon, la bouche béante. William, l'inconfort incarné. Je me levai, balbutiai quelques excuses, puis parti de chez mon père telle une tempête, laissant derrière moi les débris de mon impulsivité.

Le rêve de l'indifférence

Raphaël répondit au téléphone après la première sonnerie.

- Je sais qu'il est tôt, lui dis-je, mais j'ai fini ce que j'avais à faire. On se rencontre maintenant?

- Oh, ok.

Il retira le téléphone de son oreille. J'entendis plus que le bruit étouffé de sa voix, puis me revint après quelques secondes.

- Tu me prends un peu de court, mais je vais m'arranger. On retourne au même bar que la semaine dernière?

Ce n'était surtout pas le temps de retourner là-bas.

- Hmm... J'aimerais mieux aller ailleurs.

Il s'éclaircit la gorge.

- Allez, la musique était bonne, les boissons pas trop chères, et si on arrive assez tôt, on n'aura pas à soudoyer un portier.

- Tu préfères pas aller à un autre bar? J'ai envie de découvrir un nouvel endroit.

- Toi, découvrir de nouvelles choses? Tu ne me le diras pas deux fois! Dans ce cas, je sais exactement où aller, je t'envoie l'adresse.

- Parfait.

- À tout de suite.

Il raccrocha, puis m'envoya les informations sur notre destination quelques minutes plus tard. Je déposai une poignée de monnaie au fond du verre en carton de la personne sans-abris, maintenant assoupie, puis partis vers mon point de rencontre avec Raphaël. Le bar n'était pas très loin, mais suffisamment pour que j'aie le temps de ruminer. Pourquoi m'étais-je emporté autant durant le souper? J'essayai d'imaginer le reste de la soirée que mon père, Manon et William passeraient, à marcher sur des œufs, à tenter d'éviter de parler de moi. Peut-être que mon père ferait une blague maladroite ou deux. William ne dirait probablement plus un mot. Manon essayerait éventuellement de convaincre mon père de m'appeler pour réparer les pots cassés, ces pots que j'avais moi-même cassés. J'accélérai le pas. Je devais me changer les idées.

La brunante entamait sa conquête du ciel, cette période liminaire durant laquelle les lumières des lampadaires et le soleil couchant se côtoient. Quand j'arrivai au bar, Raphaël tardait lui aussi, j'observai donc un moment les passants. Le Vieux-Port grouillait, comme à l'habitude. Les touristes flânaient çà et là entre les Montréalais qui marchaient d'un pas déterminé vers leurs destinations respectives. Les langues s'embrouillaient, les gens aussi. De l'autre côté de la rue, une galerie d'art, comme on en trouve plusieurs dans le quartier, affichait une série de tableaux dans sa vitrine. L'un d'eux attira mon attention. Je regardai des deux côtés de la rue, laissai passer une famille de touristes asiatiques tous vêtus de blanc, puis m'approcher de la galerie.

Les notes sensuelles de la guitare de Jimi Hendrix me parvenaient à travers la porte entrouverte. Selon la notice biographique sous la toile, l'œuvre s'appelait Sen o l'ahostajnosti, ou Le rêve de l'indifférence, et avait été réalisée par l'artiste slovaque Dvaja Duchovia. On y voyait un visage filiforme masculin, quoiqu'androgyne, occupant le tiers central de la toile dans une longue traînée colorée émergeant d'un nid de feuillage, alors que sur sa tête reposait un diadème d'orchidées. Le visage poussait un hurlement, un hurlement muet qui nous traversait le corps, non pas de souffrance, mais bien d'affirmation. Il y avait dans son regard cette confusion existentielle, ce besoin d'être compris. Dans sa bouche béante, sa langue se tortillait, impatiente d'un jour se délier.

À droite du visage, trois personnes le regardaient. Une était surprise, l'autre heureuse, alors que celle au bas, se fondant dans le feuillage, semblait apeurée. Tout juste à leur droite, d'autres visages, enchevêtrés dans des remous multicolores, faisaient dos au point focal, visiblement concentrés sur autre chose.

La scène se déroulait sur un fond vibrant de tuiles et de tourbillons de couleurs mélangeant le vert sombre, le doré et le lilas. Sous la notice biographique était inscrit un poème, rédigé en slovaque, cette langue où les accents se renversent et couronnent les consonnes.

Prečo táto potreba existovať?
Táto posadnutosť v očiach toho druhého,
V zlom oku.
Urobte všetko pre to, aby ste čo i len na sekundu unikli pred ľahostajnosťou sveta. Plačeme, keď nás nevidia, keď už neexistujeme.
Prestávam byť niečím, len som, stávam sa.
Nech sa na mňa ostatní pozerajú, nech ma ostatní súdia, je mi to jedno,
Ich nemožného ideálu.

Pourquoi ce besoin d'exister?
Cette obsession dans l'œil de l'autre,
Dans l'œil malin.
Tout faire pour s'extirper, ne serait-ce qu'une seconde, de l'indifférence du monde. On pleure quand on ne nous voit pas, quand on n'existe plus.
J'arrête d'être quelque chose, je ne fais qu'être, je deviens.
Que les autres me regardent, que les autres me jugent, je n'en ai que faire,
De leur impossible idéal.

Il y avait dans cette toile quelque chose de… Je n'arrivais pas à l'exprimer, mais j'avais cette certitude que cette toile, ce rêve de l'indifférence, parlait de moi. Mes larmes m'échappaient, coulaient sur mes joues et s'écrasaient sur mon chandail. Je m'essuyai le visage du revers de la main, continuai à pleurer en silence.

Au bout d'une dizaine de minutes à contempler l'œuvre à travers la vitrine, je sentis quelqu'un se planter à côté de moi.

- J'ai jamais compris l'art, me dit Raphaël, les yeux rivés sur la toile.

Je m'empressai de sécher mes pommettes pour cacher ma peine. Était-ce vraiment de la peine? Je ne savais plus.

- Plein de formes, plein de couleurs, une tête difforme. Pourquoi? Je trouve pas que c'est laid, mais j'accrocherais pas ça dans mon salon.

On resta debout, côte à côte, deux visions parallèles, pendant de longues secondes, avant que Raphaël ne brise le silence.

- Tu veux rester ici toute la soirée, ou on va boire un verre?

- Non, non, on peut y aller.

Je lui emboîtai le pas, laissant derrière cette nouvelle partie de moi.

Raphaël II

Le bar était beaucoup plus chic que celui où Raphaël et moi étions allés la semaine dernière. Déjà une semaine que je t'avais rencontrée? J'avais l'impression qu'on se connaissait depuis une éternité.

Nous nous assoyons à une banquette au fond de la salle, loin d'un groupe de collègues de travail en complets qui célébraient l'arrivée de la fin de la semaine. De grands rideaux habillaient les fenêtres, les lumières tamisées donnaient à l'endroit des airs de confidences, ponctué par une musique rythmée et répétitive. Raphaël s'installa confortablement sur la banquette, puis fit signe à la serveuse de venir nous voir. Une jeune femme dans la mi-vingtaine arriva à la table à grands coups de déhanchements.

- Bonsoir, nous dit-elle avec un sourire angélique. Qu'est-ce que je peux vous servir?

J'allais lui demander ce qu'elle a à m'offrir qui ressemblerait à un daïquiri, mais Raphaël m'interrompit dans mon élan.

- Je vais te prendre un martini vodka avec un twist, et ici ce sera ton martini à la fraise, lui dit-il d'un ton assuré en me désignant du pouce.

Je fulminais. Pour qui se prenait-il?

- Ce sera tout?, demanda la serveuse.

- Non, dis-je. On va aussi prendre une bouteille de tequila.

Raphaël se tourna vers moi, interloqué. La serveuse aussi semblait choquée, mais si on se fiait à son ton guilleret, elle se réjouissait de voir le montant de la facture grimper si vite.

- Parfait, je vous apporte ça tout de suite!

Raphaël la regarda s'éloigner, puis se tourna vers moi. Le cuir de la banquette craqua contre son jeans.

- De la tequila? Depuis quand tu bois ça?

- Je ne sais pas, j'avais le goût, c'est tout.

- J'espère que tu as soif, parce qu'on a une bouteille complète à boire!

À l'autre bout de la pièce, le groupe festoyait. Les collets s'étaient ouverts, les cravates avaient disparu, tout comme la façade qu'imposait l'austérité des cubicules et du regard des patrons.

- Je te l'ai pas dit tantôt, mais c'est beau comment t'es habillé aujourd'hui. Ça fait différent du bureau.

- Merci.

Je remarquai qu'il tapait du pied. Du moins, plus qu'à l'habitude.

- Comme ça, ton souper s'est terminé plus tôt que prévu?

- Hmm, hmm...

Raphaël ricana.

- Ça s'est si mal passé que ça? Tu soupais chez ton père, tu t'entends bien avec lui, non?

- Je n'ai pas tellement envie d'en parler.

- D'accord, d'accord... Peu importe ce qui s'est passé, c'est ici qu'ils font les meilleurs martinis en ville. Ça va te remonter le moral.

La serveuse revint à la table quelques minutes plus tard. Elle déposa la bouteille de tequila, deux verres à shooter et deux verres à martini devant nous, puis agita les shakers. J'ouvris la bouteille et versai deux rasades. Raphaël me dévisagea.

- Es-tu pressé? On a même pas goûté à nos martinis encore.

Je levai mon verre, puis j'attendis. Il sourit à la serveuse, gêné, puis m'imita. Il grimaça, moi aussi, même si j'appréciai cette fois-ci la brûlure de l'alcool.

Raphaël reprit ses aises et se lança dans ses longs monologues habituels, parlant de... de... Pour être honnête, je n'avais aucune idée de ce dont il parlait. Je pensais à toi, à nous, à mon père. J'étais fatigué, mon mal de tête, mon corps toujours en flammes. Raphaël parlait, parlait, comme si, s'il se taisait un instant, on pourrait l'oublier. Je goûtai à mon martini, et force était d'admettre que Raphaël avait vu juste : il était excellent. Je le terminai en trois lampées. Où était la serveuse? J'avais besoin de quelque chose à boire. Peut-être pouvais-je me servir un autre shooter en attendant?

Raphaël m'effleura la cuisse du bout du doigt. Je sursautai.

- Hey... On dirait que tu ne m'écoutes pas.

- Oui, oui, je t'écoute, je t'écoute, je suis juste fatigué.

- OK.

Il s'éclaircit la gorge. Il semblait soudainement inconfortable, nerveux.

- Par où commencer? Bon, une chose à la fois. Tu sais, vendredi dernier, quand je suis parti en plein milieu de la soirée?

- Hmm hmm...

- Eh bien, euh, c'est que...

Pour la première fois de notre relation, sa carapace s'écroulait, je le voyais s'ouvrir à moi.

- Euh, comment dire ?

- Raph, tu sais que tu peux tout me dire.

- Oui... Te souviens-tu de ma sœur?

- Sophie, c'est ça? Elle était venue te rencontrer au bureau pour dîner il y a quelques mois, non?

- Exact. Eh bien, je ne l'ai dit à personne parce que je n'aime pas parler de ces choses-là, mais ça ne va pas très bien.

- Qu'est-ce que tu veux dire?

- Le psychiatre appelle ça des épisodes psychotiques. C'est dur à décrire : un instant, tout va bien, et le suivant, elle peut se mettre à hurler que quelqu'un essaie de la tuer.

J'opinais, jouais avec l'ourlet de mon collet. Il continua.

- Depuis quelque temps, ça semblait s'être replacé. Elle s'était trouvé un travail et habitait chez une amie. Ça faisait presque deux ans qu'elle n'avait pas eu de crise, mais on pense qu'elle a arrêté de prendre ses médicaments. C'est sa colocataire qui m'a appelé l'autre soir. Ma sœur s'était barricadée dans sa chambre et lançait des objets à la porte, elle criait qu'on essayait de la tuer. La pauvre Marianne, elle savait pas comment gérer la situation. De toute façon, elle n'aurait rien pu faire, c'est seulement moi qu'elle écoute quand elle a ses épisodes. Ça m'a pris toute la soirée pour la calmer.

- Est-ce qu'elle va mieux maintenant?

- Elle a dormi chez moi depuis vendredi dernier. On a dû aller voir le médecin d'urgence samedi matin pour renouveler sa prescription. Par chance que la clinique était ouverte, sinon je ne sais pas ce que j'aurais fait. Depuis samedi, ça semble s'être replacé, mais je la garde à l'œil. Quand je l'ai quittée avant de venir ici, elle regardait ses séries à la télévision, comme si de rien n'était.

Il sirota son martini. La musique jouait toujours au même rythme monotone, tellement qu'on aurait pu croire qu'il s'agissait de la même chanson qu'à notre arrivée. Un couple s'était assis quelques tables plus loin, attendant leurs boissons en caressant les mains. Raphaël déposa son verre.

- Je sais pas pourquoi je t'en ai pas parlé avant. Je ne sais pas... J'imagine que je ne voulais pas que tu me juges. En même temps, t'es la seule personne à qui j'avais le goût d'en parler. Avec toi, je me sens écouté, et c'est la première fois que ça m'arrive. Chez nous, on a toujours tous parlé en parallèle. Une famille qui parle mais qui s'entend pas. Avec toi, c'est différent.

Je continuai de hocher la tête, décontenancé. Pourquoi cette soudaine lucidité? Je ne fis que rester muet, par peur de dire quelque chose de trop. Raphaël se perdit dans ses pensées un moment, jouant avec le pied de son martini. Soudainement, il le termina d'un coup, puis déposa son verre sur la table.

- Il y a une autre raison pour laquelle je voulais te voir ce soir, me dit-il, l'air grave. J'ai quelque chose à t'avouer.

Il hésitait, pesait ses mots dans sa tête. Il calculait, prenait son temps, comme si la moindre erreur pouvait être fatale. Il prit une grande inspiration, puis osa.

- Ça fait des semaines que je veux t'en parler, mais on dirait qu'il y avait toujours quelque chose qui m'en empêche. On se voit presque toujours au bureau, et avec les collègues, surtout Pauline, je ne voulais pas lancer de fausses rumeurs. Je voulais bien faire les choses. Ou peut-être que je manque de courage, que je me trouve des excuses, je ne sais pas.

Mais qu'est-ce qui pouvait bien le perturber autant? Qu'il lâche le morceau! J'étais un grand garçon, capable d'en prendre.

- Vendredi passé, quand on est allé prendre un verre, je me suis dit que c'était le moment parfait, mais bien sûr, ma sœur a eu sa crise. Et puis, il y avait le barman qui rôdait autour, disons que ça freinait mon élan. J'imagine que tu l'as remarqué toi aussi?

Confus, je sourcillai.

- Bon, OK...

Il se tortilla dans son siège, replaça son verre, se gratta la nuque.

- J'y vais.

Grande inspiration.

- Je t'aime.

Tout explosa dans ma tête, ces deux mots m'atteignant tels des tirs de lance-roquette.

- Rassure-toi, t'as pas à me répondre quoi que ce soit. Je comprends que ça te prenne de court. Mais voilà, je t'aime.

Au loin, le groupe de fêtards trinquait à l'arrivée d'un de leur collègue. Pour ma part, j'étais toujours sans voix, la bouche béante comme une carpe. J'attrapai la bouteille de tequila et m'en versai un verre.

- Je voulais simplement être honnête avec toi, reprit Raphaël. Ça fait longtemps que je veux te le dire, mais je n'ai jamais trouvé le moment, ou la façon. Même que dernièrement, ça m'obsède un peu. Tu le sais : je ne suis pas le meilleur pour exprimer comment je me sens.

- Raph, euh... je...

Il m'interrompit d'un signe de la main.

- C'est correct. Je me sens comme ça depuis un bon bout déjà, mais je dois t'avouer que moi aussi, au début, je ne comprenais pas trop ce qui se passait. Je ne veux pas que tu le prennes mal, mais tu n'es vraiment pas mon style.

Si seulement il savait. Je le dévisageai sévèrement, il rougit.

- Ce n'est pas ce que je voulais dire. Disons que tu ne ressembles pas aux autres personnes à qui j'ai dit... ça. T'as... quelque chose, je n'arrive pas à le décrire. C'est comme une aura, tu dégages un je-m'en-foutisme qui me rend fou. Mais encore une fois, t'as pas à me répondre quoi que ce soit, je voulais juste que tu le saches. Et puis, je sais, Ève...

Aussitôt que ton nom traversa le bout de ses lèvres, tout s'effondra. Plus de musique répétitive, plus de fêtards, plus de Raphaël. Il parlait toujours, mais la vie était désormais en sourdine. Comment savait-il, pour nous?

Je me mis à trembler de façon incontrôlable. J'avais besoin d'être loin. Loin de lui. Loin de toi. Loin de moi. Je me levai d'un coup, attrapai la bouteille de tequila et quittai le bar au pas de course, laissant derrière moi un Raphaël vexé et une lourde facture impayée.

Le serpent et la colombe

Merde, merde et remerde, où avais-je merdé? L'esprit en chamaille, cigarette dans une main, bouteille de tequila dans l'autre, je filais à travers la foule tel un fantôme. Comment savait-il, pour toi, pour moi, pour nous? Pense, merde, pense! À quel moment en avais-je trop dit? Le chat était sorti du sac, autant le dire à tout le monde. Ou peut-être trouver une façon que Raphaël ne parle pas, ne parle plus?

J'aboutis à la plage où nous avions terminé notre soirée la veille. La brise balayait la rive, m'apaisait un peu. Après une dure journée de travail, le soleil se prélassait sur la surface du fleuve, l'enflammait d'orange et de rose, chatouillé par les vaguelettes qui scintillaient sous ses rayons. Autre astre, spectacle similaire. La tour du quai de l'Horloge, auréolée par le crépuscule, trônait en marge de la plage. J'enlevai mes souliers et avançai entre les parasols dans le sable chaud, les grains se glissant entre mes orteils nus. Je m'assieds au pied de la tour, à quelques mètres de l'eau. Je pris une lampée de tequila et m'allumai une autre cigarette, espérant ne pas me faire voir par les autorités du Vieux-Port.

Un couple de quinquagénaires asiatiques se prenaient en photo à l'aide d'une caméra attachée au bout d'un long bâton. Un jeune homme, torse nu, gros écouteurs sur les oreilles, était étendu directement dans le sable, ses patins à roulettes déposés à côté de lui. Plusieurs personnes marchaient jusqu'à la rambarde, regardaient le fleuve un moment, prenaient quelques photos, puis retournaient vers la ville.

J'aimais être spectateur. Ça me permettait de rester dans ma tête, d'éviter de devoir faire directement face à la réalité. C'est pourquoi, depuis toujours, j'ai observé les gens. Peu importait qu'ils soient beaux ou laids, grands ou petits, gros ou minces, j'essayais de voir si, au fond, ils étaient comme moi. Je les scrutais, parfois avec trop d'intensité, comme je le faisais avec toi, comme je l'avais fait avec les deux Ève qui t'avaient précédées.

Quand je voulus prendre mon briquet dans ma poche, mes doigts effleurèrent la surface rugueuse du galet que j'avais trouvé plus tôt. Je le saisis puis l'inspectai un moment. Il n'avait pas changé, toujours le teint gris, dur. En fait, si, il avait changé un peu : il était désormais froid. Comme toi. Je le coinçai entre mes doigts et tentai de le faire sauter sur la surface de l'eau, sans succès. Je répétai l'expérience avec un galet qui traînait dans le sable, encore une fois en vain. Après quelques autres tentatives infructueuses, je trouvai finalement un galet plat. J'inspirai, pris mon élan, et le lançai de toutes mes forces. Le galet plongea dans l'eau en produisant un bruit sourd, n'altérant aucunement les flots du fleuve.

Soudainement, une voix d'une douceur déconcertante m'interpella.

- Ce n'est pas comme ça qu'on fait.

Je me retournai. La voix appartenait à une jeune fille, âgée d'à peine quinze ou seize ans, assez jolie, enfin, pour quelqu'un de son âge. Des dents bien droites et blanches, des yeux bleus perçants, une peau lisse, une attitude désinvolte, une robe blanche. Quelques détails détonaient du portrait parfait : des épaules saillantes, une mâchoire légèrement carrée, de grosses bottes Doc Martins. Elle dégageait quelque chose de... différent.

Je balayai la plage du regard pour m'assurer qu'elle s'adressait bien à moi. Elle ricana et s'approcha.

- Tiens, regarde.

Elle ramassa un galet dans le sable, pris son élan et le lança avec une aisance inattendue. La pierre bondit sur l'eau une fois, puis une deuxième, et une troisième fois, jusqu'à ce que les bonds fussent si rapides qu'il était impossible de les compter. Elle se retourna vers moi, fière de son coup.

- Voilà! Ce n'est pas si compliqué, me dit-elle en me narguant.

Elle transpirait la simplicité. Pourquoi ne l'avais-je pas eu facile comme elle? Elle s'assit dans l'une des chaises bordant la clôture, se souciant peu de salir sa robe blanche. Je l'imitai.

- Tu me donnes une cigarette? me demanda-t-elle.
- Euh... OK.
- Merci.

Je coinçai une cigarette entre mes lèvres puis lui tendis mon paquet.

- Tu n'es pas trop jeune pour fumer?
- Peut-être, mais t'es un peu mal placé pour me juger, non?

Je pris une bouffée, les yeux perdus dans le courant. L'impudence de l'adolescente me surprenait, voire m'impressionnait. Elle savait qui elle était, ce qu'elle voulait, et elle allait le chercher. Ce que j'aurais donné pour avoir une once de son courage...

Je me tournai vers elle.

- Tu dois pas avoir l'habitude de traîner avec des gens comme moi.

- Tu pourrais être surpris, me dit-elle en me faisant un clin d'oeil.

Je rougis. Quelqu'un qui me comprenait, enfin? Je repris.

- Je me rappelle quand j'avais ton âge. Les filles m'adressaient même pas la parole.

- Ah oui?

- Je devais être trop étrange pour elles.

- Hmm... Je ne sais pas. Je trouve que tu as l'air d'une bonne personne.

Elle prit une pause.

- Je dois avouer, je ne parle pas beaucoup aux autres filles à l'école non plus. Elles m'énervent. Elles jouent aux fifilles, j'aime pas ça.

Elle tira un long trait de sa cigarette. Je restai muet.

- Des fois, elles se moquent de moi, mais ça ne me dérange pas. Elles ont seulement peur d'être différentes. Pas moi. Je suis comme je suis, et c'est tout.

Le vent du Sud soufflait dans ses cheveux défaits. Une mèche se logea à la commissure de ses lèvres. J'aurais voulu l'enlever, passer mon doigt sur sa joue, mais je n'en fis rien. Elle jouait avec la bague à son index, un mince serpent argenté mordant sa propre queue.

- Elle est belle. Ta bague, je veux dire.

- Oh, merci.

La plage commençait à se déserter.

- Je l'aime beaucoup, continua-t-elle. Mes parents me l'ont donnée pour ma fête. Je l'avais vu dans la vitrine d'un magasin quelques mois plus tôt, et ils s'en sont souvenus.

- Ils sont gentils, tes parents.

- J'imagine que oui. Ils m'aiment vraiment, je crois. Je les aime aussi.

Beaucoup, même. C'est juste que des fois, ils m'énervent. Ils disent qu'ils veulent ce qui est mieux pour moi, mais ils peuvent être contrôlants par moment. Le plus frustrant, c'est qu'on dirait qu'ils essaient de contrôler quelqu'un que je suis pas.

- Un idéal...

- Exact. J'ai besoin d'être moi, et ils doivent vivre avec.

- C'est difficile, parfois, d'accepter que les choses changent. Surtout quand ça concerne les gens qu'on aime.

- Peut-être.

Je pensai à mon père, à notre souper plus tôt en soirée.

- C'est une sorte de deuil, j'imagine.

- Oui, mais pour faire un deuil, il faut d'abord apprendre à laisser mourir. Trop peu de gens arrivent à le faire.

Le soleil n'étant plus qu'une onde longeant l'horizon. Des pigeons picoraient une vieille patate frite que quelqu'un avait laissée derrière. La brise restait chaude, l'air, bon. L'adolescente tendit la main vers la bouteille de tequila. Je regardai au-dessus de mon épaule. Elle rit.

- Mon Dieu que t'es tendu! T'inquiètes, personne va nous voir, il n'y a plus que nous.

Elle me lança un sourire narquois. Je cédai, lui tendit la bouteille. Quand elle prit une lampée, ce fut à peine si elle grimaça. Je l'enviais tant. On resta un moment en silence, accompagné par les clapotis de la tequila au fond de la bouteille suivant chacune de nos gorgées.

- Et toi, c'est quoi ton histoire?

- Oh... Hmm... C'est compliqué.

- Plus compliqué que la mienne?

Elle me fit un clin d'œil. Je lui souris, gêné.

- Une histoire d'amour, j'imagine?, reprit-elle.

- Oui… On peut dire ça.

- Pourquoi c'est compliqué?

J'hésitai un instant.

- Je ne crois pas que les gens autour de moi soient prêts à nous rencontrer.

- Mais s'ils t'aiment, ils comprendront, non?

Les yeux fixés sur la fumée s'échappant de ma cigarette, je haussai les épaules en guise de réponse.

- Et elle est où, en ce moment?

- Chez moi. Chez nous.

- Alors, qu'est-ce que tu fais encore ici? Tu devrais être avec elle, non?

- Oui, t'as raison.

L'adolescente termina sa cigarette, puis se leva, époussetant le tissu fripé de sa robe blanche.

- Bon, je dois y aller. Bonne chance!, me dit-elle avec un clin d'œil.

Je la regardai s'en aller, songeur. J'avais besoin de ça : une analyse froide, précise, mature. Je restai assis sur la chaise à méditer, seul, en sirotant la tequila et enchainant les cigarettes les unes après les autres. Quand je regardai l'heure, il était minuit passé. Le chemin du retour fut laborieux, chacun de mes pas alanguis d'alcool. Quand j'arrivai à l'appartement, je n'eus même pas la force de venir te rejoindre. Je me laissai choir sur le divan, un filet de bave coulant instantanément de la commissure de mes lèvres.

Soudain, mon cellulaire se mit à vibrer dans ma poche. Je l'attrapai, me frottai les yeux, confus. C'était Adèle, fidèle au rendez-vous.

Appel avec Adèle

Le téléphone sonnait dans ma main. J'entendais la voix de mon père qui me répétait pour la énième fois que je devrais répondre aux appels d'Adèle, mais je ne pouvais m'y résoudre. Je pourrais probablement déjà sentir à travers le combiné l'odeur de sa première crème de menthe de la journée. Il s'agirait peut-être même de sa deuxième, et assurément pas sa dernière.

Elle me dirait que ça faisait du bien d'enfin entendre ma voix, qu'elle s'ennuyait de moi, qu'il faudrait bien que je vienne la voir bientôt. Elle me parlerait comme si elle n'avait pas été absente pour la quasi-entièreté de ma vie. Je lui répondrais avec des réponses courtes, des «Hmm...» et des «Oui, oui...», des «Je sais» et des «Bien sûr». Elle m'enverrait des répliques passives-agressives du genre «Tu dis ça, mais de toute façon, je suis habituée, tu ne viens jamais me voir».

Mon cellulaire vibrait toujours avec insistance, agressif. Je me dirigeai vers la salle de bain pour me passer un peu d'eau au visage.

Elle me ferait remarquer que j'étais pourtant allé voir mon père, encore, qu'elle avait vu la photo de notre souper qu'il avait partagé sur les réseaux sociaux. Elle soulignerait le poids qu'il avait pris, la calvitie qui lui dégarnissait le crâne. Elle parlerait de «Monique? Ah, Manon, c'est ça. J'imaginais pas ton père avec une femme comme ça» et elle réfléchirait à voix haute sur le type de femmes que mon père avait déjà aimé, des femmes belles, drôles, intelligentes, «bref, une femme comme moi».

Elle se dépeindrait comme la victime, celle qu'on n'appelle plus, qu'on ne désire plus, celle qui doit se battre envers et contre tous. C'était sa façon d'avancer dans la vie, et la principale raison pour laquelle elle n'avait jamais réussi à bâtir une relation stable depuis qu'elle nous avait quittés. Elle m'expliquerait pourquoi elle n'était plus avec Éric, ou avec Sébastien, ou n'importe lequel des nombreux amants dont était parsemée sa vie. Comme elle m'avait toujours dit, «les hommes sont tous des salauds, des idiots, on serait tellement mieux juste toi et moi, on n'a pas besoin d'eux, tu vas voir.» Elle réciterait ces paroles comme une ode contre l'autre sexe, ce sexe qui nous avilissait. Elle me répéterait encore qu'avec les hommes, «il ne faut pas trop en dire, il faut qu'on soit sage. Une femme, ça ne parle pas trop fort, sinon c'est une folle. Ils veulent qu'on soit confiante, mais pas trop, sinon c'est dérangeant. Ils veulent qu'on s'affirme, mais si on n'est pas d'accord avec eux, on a forcément tort. Ils nous prennent pour des connes, toujours!»

Ma réflexion dans le miroir me dévisageait. Je passai ma main dans mes cheveux, ces cheveux qu'Adèle trouvait encore trop courts. Elle me dirait : «Qu'est-ce que t'as fait avec tes cheveux? J'aimais tellement mieux comment tu les portais quand tu étais jeune. Comme ça, t'as l'air de... tu sais ce que je veux dire», mais elle ne savait pas que je les avais coupés moi-même parce que j'en avais assez de me voir ainsi.

J'essayerais de changer de sujet, d'écourter le supplice. Mais elle me demanderait si j'avais rencontré quelqu'un. Elle s'intéresserait à moi davantage comme un objet de commérage que comme son propre enfant. Je lui répondrais que non, je n'avais trouvé personne, que je préférais me concentrer sur moi. Elle me demanderait : «Rien, même pas une aventure?» Elle tenterait de me convaincre qu'à mon âge, je devrais vouloir coucher avec le plus de personnes que je pouvais, que je devais explorer, vivre un peu, parce que rendu à son âge, c'était beaucoup plus difficile. Je me garderais bien de lui répliquer que dans son cas, c'était faux. Elle commenterait probablement mon poids, ma posture, me dirait que j'avais quelques livres en trop, ou bien que j'en avais trop perdu. Impossible de gagner avec Adèle.

Elle me dirait que si je m'arrangeais un peu, que j'arrêtais de porter des vêtements d'homme, peut-être que ça aiderait. Elle me rappellerait la fois, la seule fois, où elle m'avait habillé pour aller à la messe, comment tout le monde me disait à quel point j'étais adorable. Elle me demanderait ce qui s'était passé depuis.

Je déposai mon téléphone sur le comptoir de la vanité. Son bourdonnement n'était plus qu'un bruit sourd étouffé par les voix dans ma tête. Je commençai à me déshabiller, laissai glisser ma robe blanche sur la céramique de la salle de bain. Si je pouvais enlever ma peau, je le ferais aussi. Nu devant le miroir, je continuais de m'observer. Mon visage incongru. Mes yeux cernés par les nuits trop courtes. Mon nez légèrement croche. Mes sourcils gras, mes longs cils. Mes pommettes saillantes, mon menton pointu.

On m'avait déjà dit que j'avais de beaux traits, mais j'avais de la difficulté à le voir puisqu'ils n'étaient pas les miens. Quand j'étais petit, on me répétait sans cesse que j'étais la plus mignonne. Ça me frustrait à un tel point que je hurlais et je frappais sur tout ce qui avait le malheur de se trouver à ma portée. Je baissai les yeux pour contempler mon corps frêle. Je passai mon index le long de mes clavicules protubérantes, le fis glisser jusqu'à ma poitrine plate, où deux petits boutons tentaient vainement de s'affirmer. Je pianotai doucement le long de mes côtes, atterri sur mon estomac vide, pour finalement arriver à mes hanches effilées. Ma main s'évada vers mon entre-jambes, où la commissure s'ouvrait sur le vide au centre de ma vie.

Quand j'en aurais assez, je dirais à Adèle que je devais y aller, lui trouverais une excuse bidon. Elle me demanderait pourquoi je ne voulais pas lui parler, qu'elle voulait savoir comment j'allais, que sa fille lui manquait. Ma gorge se nouerait, mes mains trembleraient, et je raccrocherais sans dire au revoir.

Le téléphone se tut enfin. Je restai là un moment, à toiser dans le miroir cette femme qui n'était pas moi, cette femme qui aurait pu être toi.

Idéal II

Ève et moi.

Un tout insécable mais insoluble.

Les mots de l'adolescente continuent à rouler dans ma tête. Je dois laisser tomber les façades, te laisser mourir, toi à qui la féminité fait si bien. Je te dois bien ça. Tout aurait pu être plus simple si j'avais essayé d'atteindre cet idéal, mais il n'était pas le mien. Quand on tente d'aimer ce qui est déjà mort, on ne peut qu'être déçu. Et cet idéal, il ne m'appartient plus depuis bien longtemps.

Je retourne à la chambre et je m'étends dans le lit. Je pose ma tête sur l'oreiller, le sourire aux lèvres. Ève et moi, côte à côte, comme nous l'avons été depuis toujours. Je fermai les yeux et rêvai. Je rêvai au moment où tous nous verraient enfin tels que nous étions : parfaits.

Alors, que faire lorsqu'un idéal meurt? Il ne reste plus qu'à aimer.

NOTE DE L'AUTEUR

Ève et moi est avant tout un exercice d'empathie. À une époque propulsée par la méfiance, la peur et la haine, je souhaitais vous inviter à vous mettre dans les souliers d'un personnage différent, singulier, tout en soulignant l'universalité de l'expérience humaine. J'espère que, tout comme moi, vous sortirez grandis de cette lecture, et surtout, avec plus de compassion.

Cet ouvrage a été composé en Garamond 12 et achevé d'imprimer en
novembre 2024 sur les presses de Rapido Livres, Québec, Canada.